Cheval & Cavalier

# Pansage et tonte

Susan McBane
Valerie Watson

éditions
proxima

# Sommaire

# Le pansage

Le pansage est l'une des activités les plus « physiques » dans le domaine des soins aux chevaux et aux poneys. Un pansage complet exige de vous une bonne condition physique, faute de quoi vous aurez l'impression de ne pas en voir la fin… Mais, comme n'importe quelle activité physique, plus vous le ferez souvent, plus cela vous sera facile et vous serez récompensé de vos efforts en pouvant admirer un cheval impeccable.

Enfin, si le pansage donne l'occasion de se livrer chaque jour à un contrôle général de la bonne santé du cheval, il permet aussi d'instaurer des relations de confiance entre lui et vous.

## Rôle et utilité du pansage

Le pansage permet de maintenir la peau et la robe du cheval propres, saines et aptes à remplir leur office : le protéger des agressions extérieures, évacuer les substances nocives par la transpiration, le maintenir au chaud et le rafraîchir. Les terminaisons nerveuses quant à elles, lui transmettent le froid, la chaleur, les pressions, les sensations agréables et désagréables.

## La peau et la robe

La peau est constituée de deux couches principales :

– une couche supérieure de cellules mortes qui se désagrègent en permanence et apparaît sur la robe sous la forme de pellicules ;

– une couche inférieure sensible qui régénère constamment la couche supérieure.

Sous la peau se trouvent également des glandes qui fournissent les substances naturelles comme le sébum, permettant de lubrifier la peau et les poils tout en les isolant de l'eau.

La robe des chevaux qui vivent à l'extérieur a besoin de graisse et de poussière pour être isolée de l'eau ; la pluie élimine le surplus. Ceux qui vivent à l'écurie ont besoin du pansage pour nettoyer et stimuler leur peau car ils ne disposent pas des effets bénéfiques du pansage mutuel entre congénères.

# Les bienfaits du pansage

## L'aspect...

Il est surprenant de constater à quel point le pansage modifie l'aspect du cheval. Ci-dessous à gauche, un cheval correctement pansé, propre et pimpant ; à droite, le même cheval, mal pansé, sale et négligé.

## ...et la santé

Le pansage permet certes d'améliorer l'aspect général du cheval, mais il aide également à le maintenir en bonne santé. Les parasites de la peau, comme le pou, affectionnent les milieux sales et riches en déchets organiques (la graisse, les peaux mortes, la sueur séchée) ; certains s'en nourrissent. L'absence de coups de brosse et d'étrille leur permet de pondre leurs œufs en toute tranquillité.

## Le pansage n'est jamais inutile

Si votre cheval vit à l'extérieur, peut-être pensez-vous qu'une séance de pansage est inutile puisqu'il se roulera consciencieusement aussitôt que vous l'aurez remis au pré, réduisant votre travail à néant. Ne croyez pas cela : un pansage d'entretien permet de supprimer l'accumulation de graisse, de peaux mortes et de saleté, en particulier par temps sec lorsque la pluie ne peut pas s'en charger. De plus, par un pansage régulier, complet ou d'entretien, vous êtes plus à même de repérer les blessures et les affections de la peau avant qu'elles ne s'aggravent et ne deviennent encore plus difficiles à soigner. Autant de bonnes raisons pour panser votre cheval régulièrement quel que soit son mode de vie, au box ou au pré.

# Le matériel de base

Le matériel de base est constitué d'une brosse dure, d'une brosse douce, d'une étrille, d'un cure-pied et de deux éponges de couleurs différentes, plates et de petite taille.

## La brosse dure

La brosse dure doit comporter un dos en bois solide, des poils drus et assez longs, naturels ou synthétiques. Les poils naturels sont de loin les meilleurs car ils ne fourchent pas et ne s'aplatissent pas. En outre, les poils fourchus accrochent les crins, les arrachent et s'y emmêlent facilement. La brosse dure sert à enlever la boue et le fumier.

## La brosse douce

La brosse douce est de forme ovale, également pourvue d'un dos en bois, en matière plastique, ou en cuir (le plus pratique à utiliser). Plus légère, elle s'adapte à votre main, et ne blesse pas le cheval si vous le heurtez.

La brosse douce est pourvue de poils courts et fins (là encore, préférez les poils naturels) et d'une poignée de cuir, dans laquelle vous glissez votre main, rendant son utilisation plus facile et plus efficace. Elle est utilisée pour enlever la graisse, les cellules mortes de la peau et la crasse en général, non seulement sur le poil mais également sur la peau ; elle est recommandée pour les crins, (y compris le toupet) car son action est plus légère que celle de la brosse dure. On l'emploie également pour brosser le couard et la queue.

## L'étrille en métal

L'étrille en métal permet d'enlever la boue séchée sur les parties charnues du corps. Elle sert aussi à décrasser la brosse douce.

## Le cure-pied

Le cure-pied nettoie le dessous du pied.

## Les éponges

Les éponges servent à nettoyer les yeux, les naseaux, le fourreau et l'anus. Utilisez une éponge d'une couleur pour la partie avant du cheval et une éponge d'une autre couleur pour la partie arrière ; ne les intervertissez jamais.

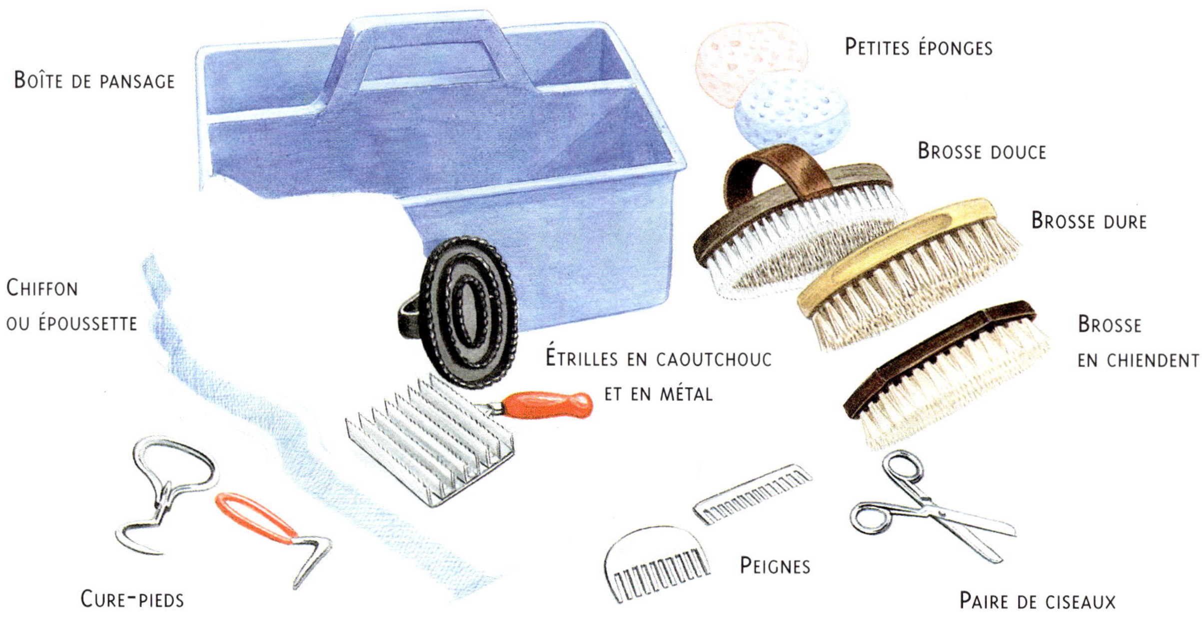

# L'équipement complet

Pour constituer l'équipement complet, vous pouvez ajouter à votre équipement de base une brosse en chiendent (pour rabattre ou humidifier la crinière, le toupet et la queue), des étrilles en caoutchouc ou en plastique pour enlever la boue séchée et les traces de fumier, un bouchon de corde (pour ôter en surface la saleté et les poils morts), un couteau de chaleur pour enlever la sueur ou l'eau, un tampon à récurer en plastique, un vieux foulard de soie pour faire briller la robe et enfin, un peigne à crins et une paire de ciseaux pour couper la crinière, le toupet, la queue, les fanons, les poils sous les ganaches et l'auge ainsi que le bord des oreilles (bien que cela ne fasse pas, à proprement parler, partie du pansage courant).

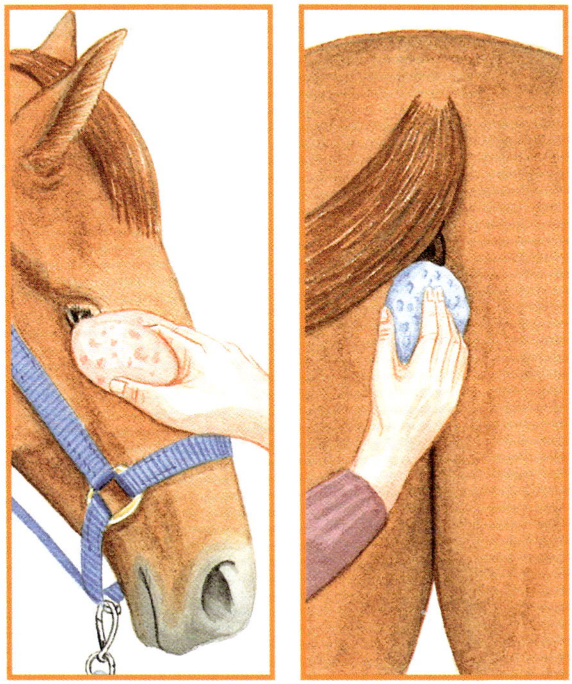

▲ Passer l'éponge humide sur les parties avant et arrière du cheval permet de garder propres ces zones sensibles et de rafraîchir le cheval. Par temps froid, séchez avec un chiffon.

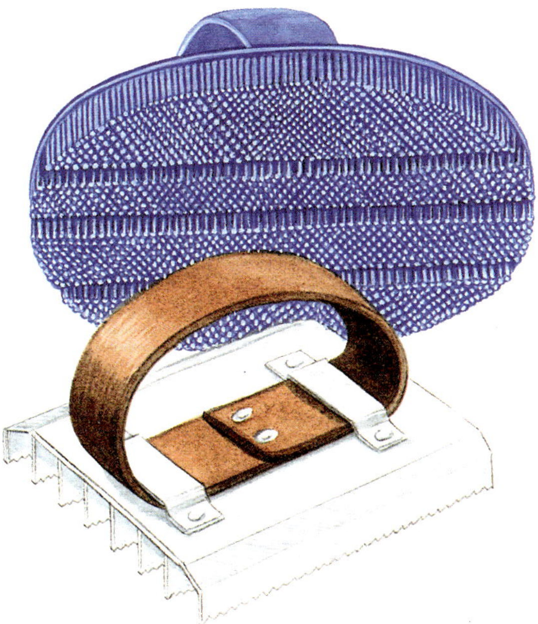

▲ L'étrille en plastique doit être utilisée avec douceur car elle peut égratigner le cheval. L'étrille en métal ci-dessus comporte une lanière à la place d'une poignée de bois, plus courante.

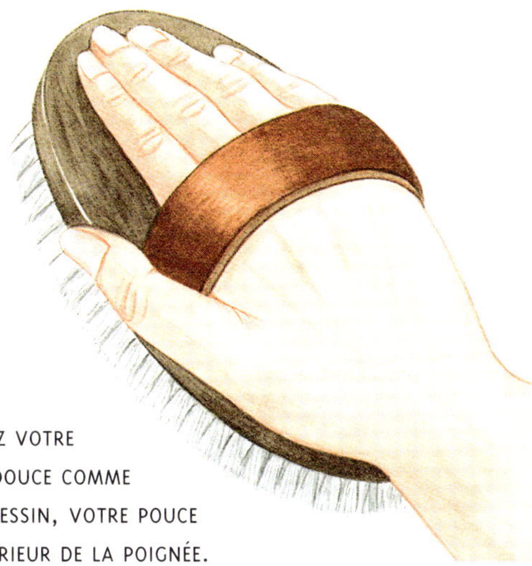

► Tenez votre brosse douce comme sur le dessin, votre pouce à l'extérieur de la poignée.

▲ Sur un poil court, un bouchon de corde en fibres naturelles convient à un nettoyage rapide. Il éliminera les poils morts ainsi que la saleté en surface et stimulera la peau.

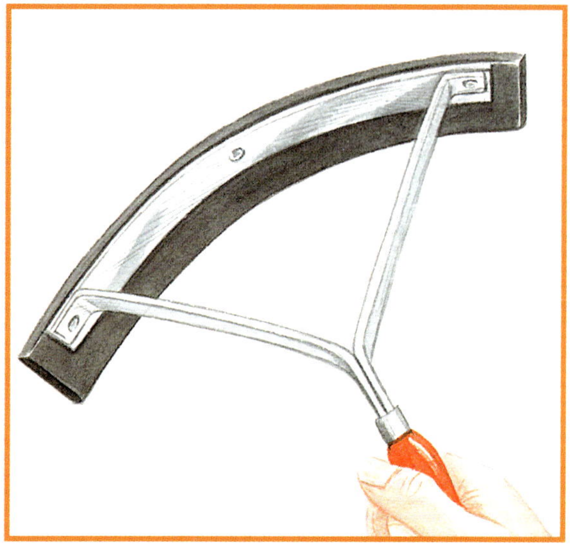

▲ Le couteau de chaleur est constitué d'une lame de caoutchouc fixée sur un cadre de métal, avec une poignée de bois. Il sert à enlever l'excès de liquide (pluie, sueur ou eau de rinçage) comme le ferait un essuie-glace.

▲ Un tampon à récurer en plastique est efficace contre la boue séchée et le fumier ; il gêne moins le cheval sensible que la brosse dure ou l'étrille.

▲ Le chiffon élimine la poussière qui se dépose sur le poil nettoyé et permet d'apporter le brillant final. Il sert également à recouvrir votre trousse de pansage.

# Les appareils électriques

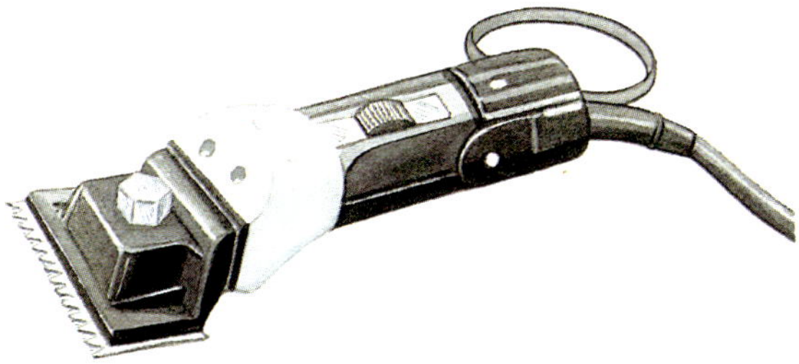

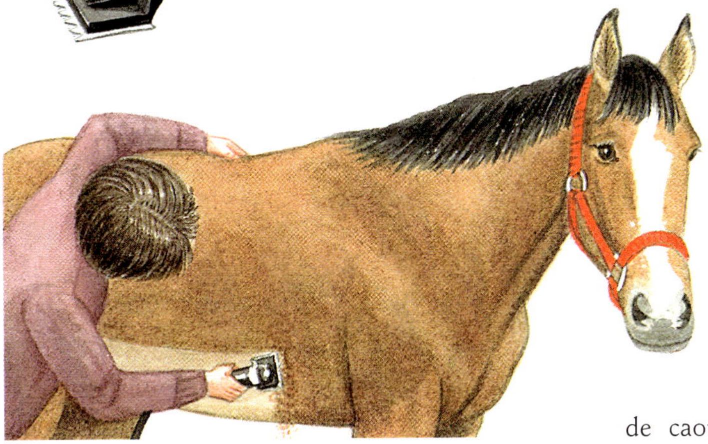

▲ Beaucoup de chevaux craignent le bruit et les vibrations ; les tondeuses légères et à vitesse lente sont faciles à utiliser et les effraieront moins.

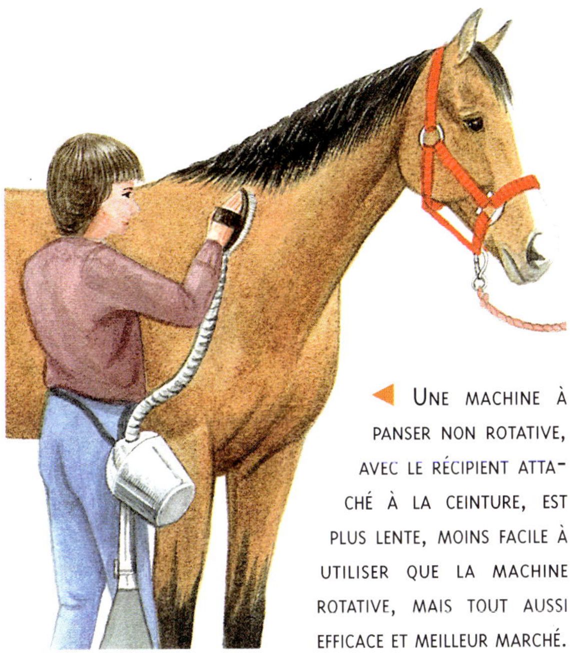

◄ Une machine à panser non rotative, avec le récipient attaché à la ceinture, est plus lente, moins facile à utiliser que la machine rotative, mais tout aussi efficace et meilleur marché.

Il existe des appareils qui pansent et tondent le cheval pour vous :

## Tondre...

En hiver, on tond au moins en partie les longs poils des chevaux et des poneys qui travaillent souvent afin qu'ils ne transpirent pas trop. Les tondeuses électriques sont efficaces si les lames sont propres, affûtées et correctement réglées. Vous aurez besoin d'une prise de terre et d'un coupe-circuit de sécurité. Enroulez la partie flottante du cordon dans un chiffon sec ou dans un seau en plastique (qui ne comporte aucune pièce de métal) afin que le cheval ne puisse pas marcher dessus. La personne qui manie la tondeuse devra porter des bottes ou des chaussures de caoutchouc pour plus de sûreté en cas de décharge électrique.

Si vous manquez d'expérience, demandez à un professionnel de vous enseigner les rudiments de la tonte ou tondez sous la surveillance d'un expert. Sinon, engagez quelqu'un de compétent pour tondre à votre place. Tondre le cheval permet de le maintenir propre plus facilement mais plus vous le tondrez et plus il aura besoin de nourriture et de protections (voir page 27).

## ...et panser sans effort

Les machines à panser travaillent à votre place – ou presque ! Les plus efficaces fonctionnent comme un aspirateur ménager : la brosse cylindrique chasse la poussière qui est aspirée dans un récipient qu'il faudra vider régulièrement. Le pansage à la machine, s'il est réalisé une ou deux fois par semaine, autorise un pansage plus léger les autres jours. Soyez vigilant lorsque vous utilisez la brosse rotative, n'y emmêlez pas les crins ni la queue.

Les mêmes précautions de sécurité s'appliquent à la tonte comme au pansage dès qu'il s'agit d'appareils électriques.

# Les pieds

Même si vous n'avez pas le temps de panser votre cheval correctement, inspectez toujours les pieds et les fers au minimum une fois par jour.

## Les pieds

Un caillou, une capsule de bouteille ou un morceau de verre peuvent provoquer des contusions et des blessures s'ils restent enfoncés dans le pied trop longtemps. Le crottin tassé dans le pied cause des maladies (échauffement de la fourchette), entraînant ainsi un début de décomposition et favorisant le développement des germes. Le même risque existe avec une litière sale, imprégnée d'urine.

Les chevaux qui vivent à l'extérieur sur un sol humide peuvent aussi développer un échauffement de la fourchette car l'eau ramollit la corne et permet aux germes de s'y installer. Les sabots ainsi fragilisés s'usent vite, en particulier à l'endroit des glomes, c'est la raison pour laquelle ils doivent être généralement inspectés quotidiennement.

## Les fers

Vérifiez l'état des fers : sont-ils bien fixés, épousent-ils bien le pied, sont-ils desserrés, des clous sont-ils sortis ? Les clous qui sortent du fer peuvent couper le membre opposé et causer de graves blessures ; un fer mal fixé peut se tordre, casser, blesser le cheval ou le faire tomber.

Enfin, emmenez un cure-pied pliant lorsque vous partez en promenade. En effet, si le cheval se met soudainement à boiter – il se peut qu'il ait un caillou coincé dans le sabot – vous pourrez ainsi l'enlever facilement.

Curer les pied et se livrer à une inspection quotidienne ne vous prendra que quelques minutes et permet de prévenir tous ces accidents ou d'éviter qu'ils ne s'aggravent.

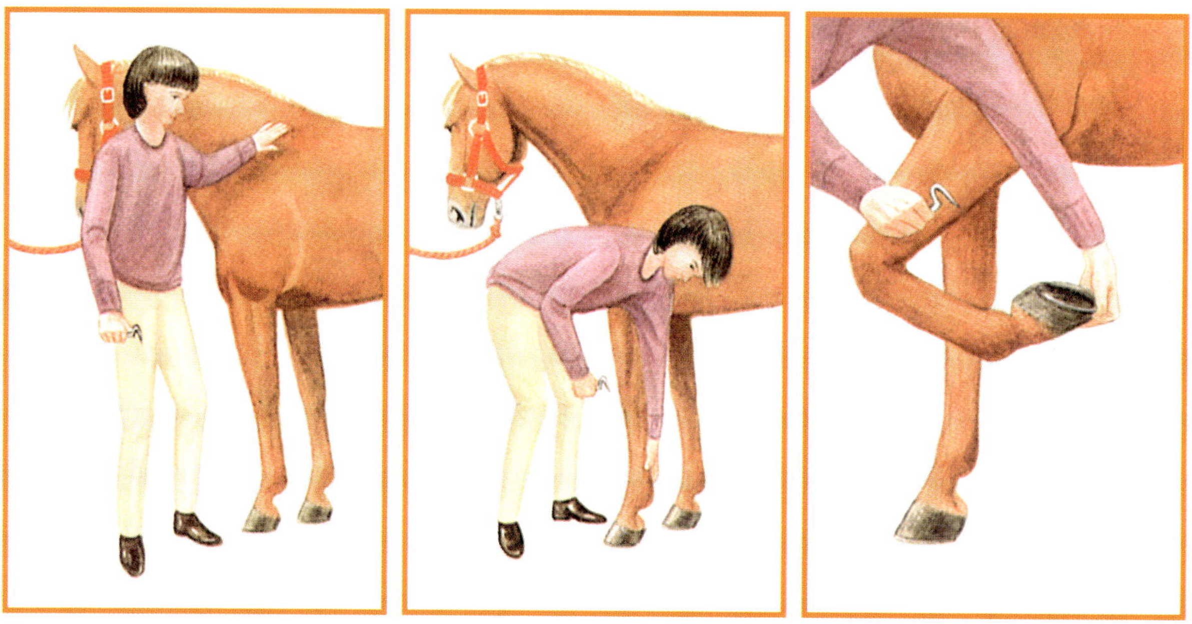

▲ Pour lever un antérieur, tenez-vous le long du corps du cheval, caressez le cheval de l'épaule au bas de l'antérieur et saisissez le boulet. En même temps, poussez légèrement le cheval pour déplacer le poids de son corps en disant « donne ! ». Prenez le sabot à la pince en maintenant l'articulation du boulet fléchie de telle sorte que le cheval ne soit pas tenté de s'y appuyer. Maintenez la sole vers le haut.

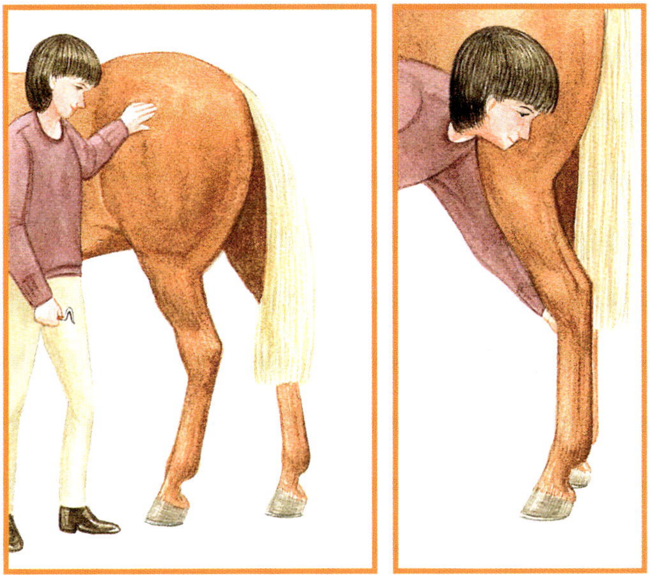

▲ Pour lever un postérieur, placez-vous à côté de la cuisse du cheval, caressez de la hanche vers l'intérieur du postérieur jusqu'au boulet et procédez comme pour l'antérieur.

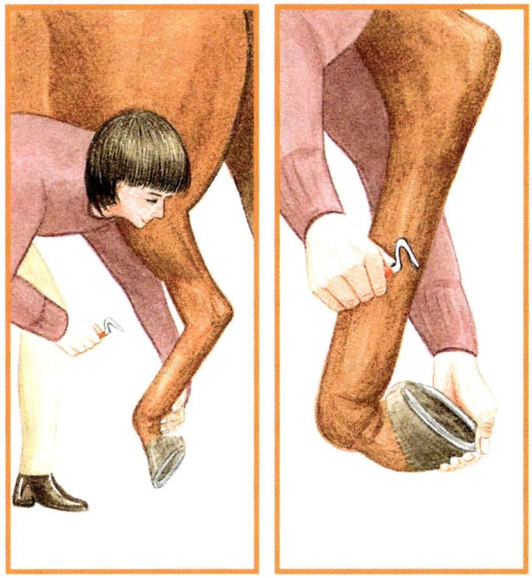

▲ La main qui tient le sabot doit être placée devant le postérieur, comme ici, afin que si le cheval donne un coup de pied, il ne vous fasse pas tomber.

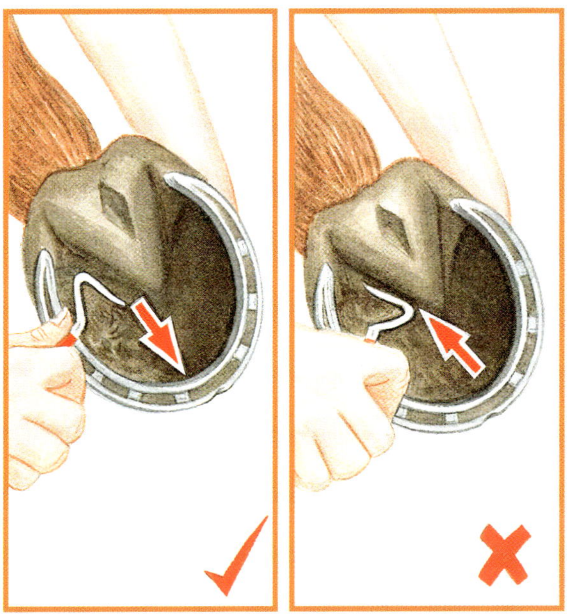

▲ Grattez le sabot en allant du talon vers la pointe, pour ne pas pousser vers le talon ce que vous grattez sous le fer car c'est la partie qui se détache le plus facilement.

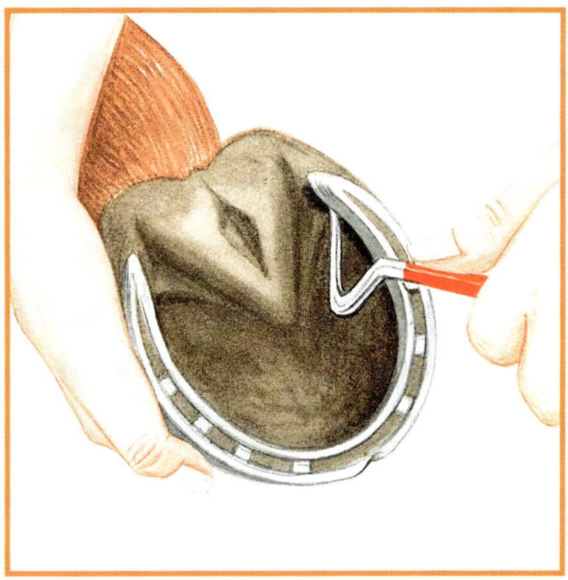

▲ Pour détecter un fer qui se détache ; placez la pointe du cure-pied entre le fer et le talon (sans l'enfoncer) et essayez de l'écarter légèrement ; s'il bouge, vous devez appeler le maréchal-ferrant.

# Le pansage avant le travail

L'objectif ici est de préparer le cheval avant le travail. Sa couverture, s'il en porte une, est repliée sur les reins pour dégager les parties de son corps qui vont être nettoyées. Vous devez panser votre cheval sans retirer complètement la couverture. Vous pouvez laisser le surfaix, sauf si vous devez enlever de la sueur séchée sur l'emplacement de la selle ou au passage de sangle (la pose d'un harnachement sur de la boue ou de la sueur séchée peut provoquer une irritation).

## Comment procéder

Brossez légèrement le cheval avec la brosse douce pour éliminer les restes de litière, la sueur séchée, la boue et le fumier. Si certaines taches ne partent pas, utilisez l'éponge réservée à la partie arrière du cheval ou une brosse mouillée ; séchez ensuite avec un chiffon.

Les pieds seront parfaitement curés, les fers soigneusement vérifiés. Si vous avez déjà nettoyé le box, curez les pieds au-dessus d'un seau pour ne pas salir la litière.

Utilisez l'éponge réservée à la partie avant pour les yeux, les naseaux et les lèvres et l'autre pour nettoyer le fourreau ou les mamelles ainsi que les muqueuses situées entre les fesses et sous la queue. Rincez les éponges dans l'eau prévue à cet effet (pas celle de l'abreuvoir), en commençant par celle de l'avant-main, et essorez-les jusqu'à ce qu'elles soient juste humides. En hiver, séchez avec un chiffon ou une serviette.

Remettez la couverture en place et sellez votre cheval pour le travail.

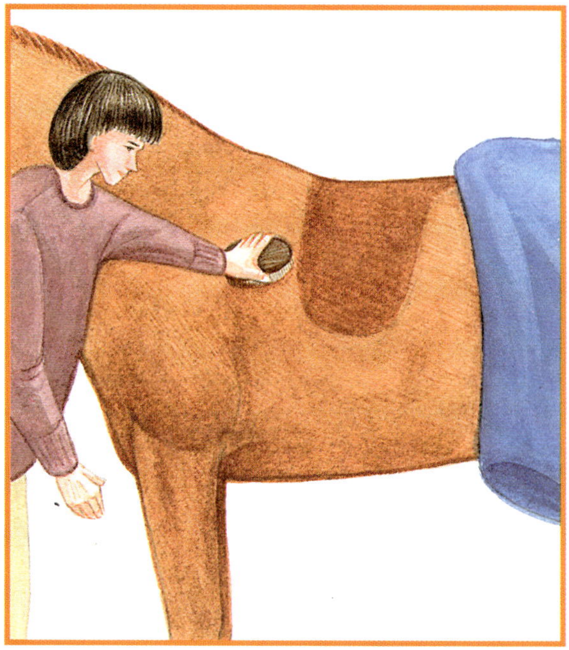

▲ Pliez la couverture sur l'arrière-main et brossez l'avant-main d'abord, sans oublier le cou et la tête.

▲ Pliez la couverture vers l'avant et brosser les deux côtés de l'arrière-main. Remettez alors la couverture en place afin que le cheval n'ait pas froid.

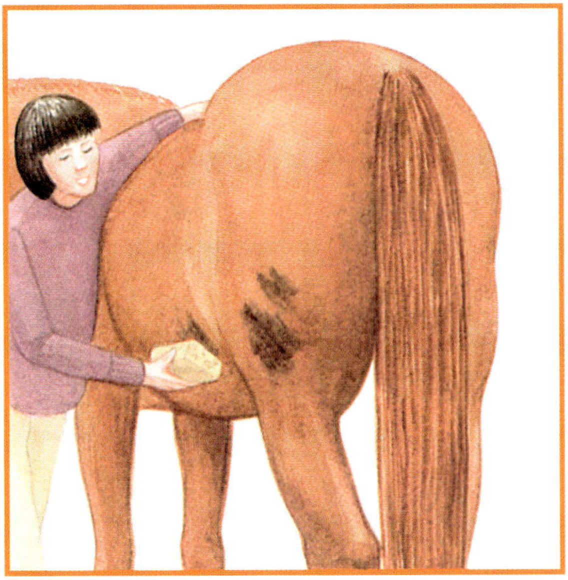

▲ Pour enlever les taches de fumier difficiles (aux endroits où le cheval s'est couché sur la paille sale), utilisez l'éponge réservée à la partie arrière ou une brosse dure mouillée. Séchez avec un chiffon.

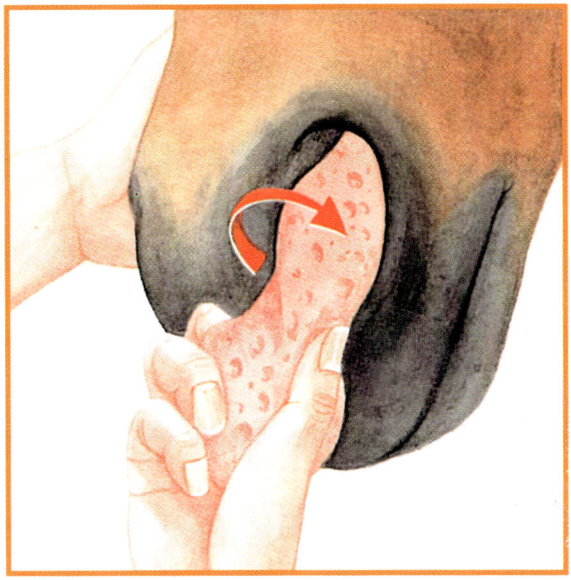

▲ Introduisez doucement l'éponge en tournant dans chaque naseau, puis sortez-la, toujours en tournant pour retirer les saletés. Nettoyez également le repli de la peau au bord de chaque naseau.

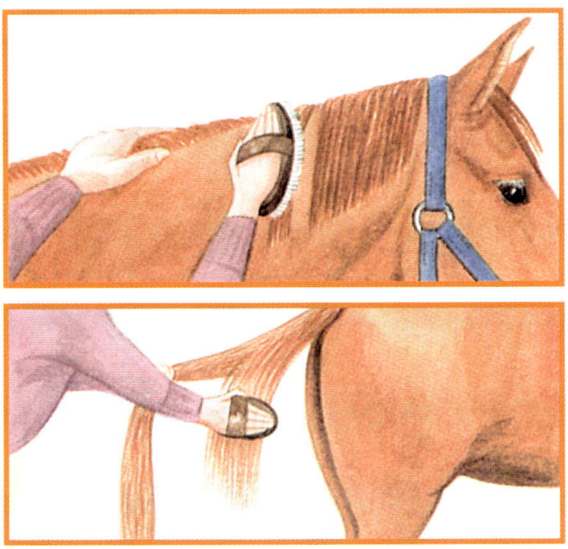

▲ Rejetez la crinière de l'autre côté de l'encolure et brossez des racines aux pointes, mèche par mèche. Prenez les crins de la queue et brossez-les également mèche par mèche.

▲ Pour les crins emmêlés ou pour les brins de paille dans la queue, utilisez un spray démêlant. Laissez agir une minute puis enlevez les brins de paille et les nœuds avec les doigts.

# Le pansage complet

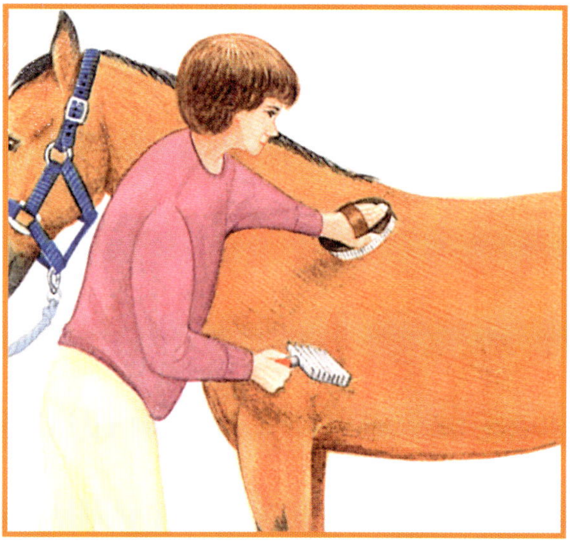

▲ Même en usant de tout le poids de son corps, il est pratiquement impossible de nettoyer à fond, à la brosse douce, une robe d'hiver aux poils longs.

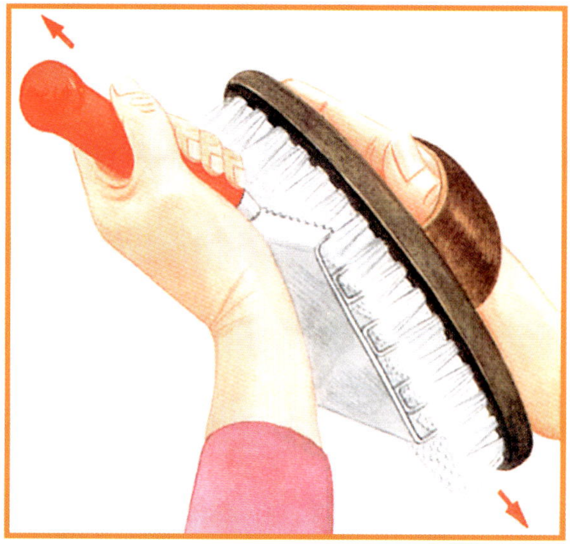

▲ Tenir l'étrille comme ci-dessus vous évitera de vous érafler la main lorsque vous nettoyez la brosse – ce qui est plutôt douloureux !

Le pansage complet est le pansage minutieux donné après le travail lorsque le cheval est sec et chaud et que la saleté n'adhère pas à la peau (elle peut alors être nettoyée plus facilement).

### La brosse en chiendent

Commencez d'abord par enlever la sueur séchée et la boue avec la brosse en chiendent en la maniant avec douceur pour ne pas brusquer le cheval. Soyez particulièrement prudent aux endroits sensibles où la peau est fine, comme le ventre, la tête et l'intérieur des membres.

### Le brossage du corps

Ensuite, procédez au brossage du corps : tenez la brosse dans une main comme ci-dessus, et l'étrille métallique dans l'autre main. Il est plus facile de brosser le côté gauche avec la main gauche mais vous pouvez inverser pour reposer le bras qui vient de travailler.

Votre coude doit être légèrement plié mais votre bras doit être rigide ; brossez dans le sens du poil puis à rebrousse-poil, en mettant votre poids dans votre geste et non en poussant, ce qui est inutilement fatigant. Faites environ six passages par zone. Ne heurtez pas le cheval avec la brosse ; placez-la contre le poil et brossez énergiquement, le but étant d'atteindre la peau au travers du poil.

Tous les deux ou trois passages, décrassez la brosse en faisant un aller-retour sur l'étrille en métal. De temps en temps, tapez l'étrille sur le sol pour enlever la crasse.

### Le brossage de la tête et des jambes

L'objectif est le même que pour le brossage du corps. Brossez toujours dans les deux sens et faites les choses dans le même ordre, de la tête vers la queue ; ainsi vous ne risquez pas d'oublier certains endroits comme les fanons, derrière les paturons, l'intérieur des oreilles et la face interne des jambes.

### La touche finale

Pour finir, curez les pieds, nettoyez à l'éponge les parties qui doivent l'être, lustrez la robe au chiffon, et aplatissez les crins avec la brosse mouillée.

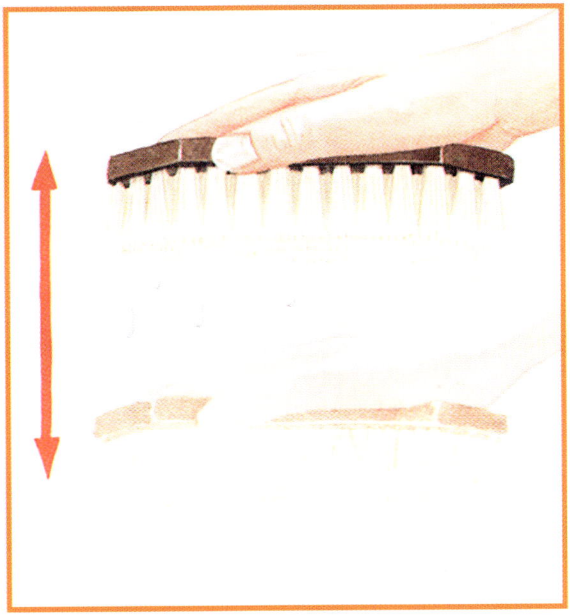

▲ Plongez l'extrémité des poils de la brosse dans l'eau et secouez vers le bas pour éliminer l'excès d'eau.

▲ Placez la brosse mouillée sur le haut de la crinière et brossez de manière à faire glisser les poils de la brosse entre les mèches de crins, pour les aplatir et les lisser.

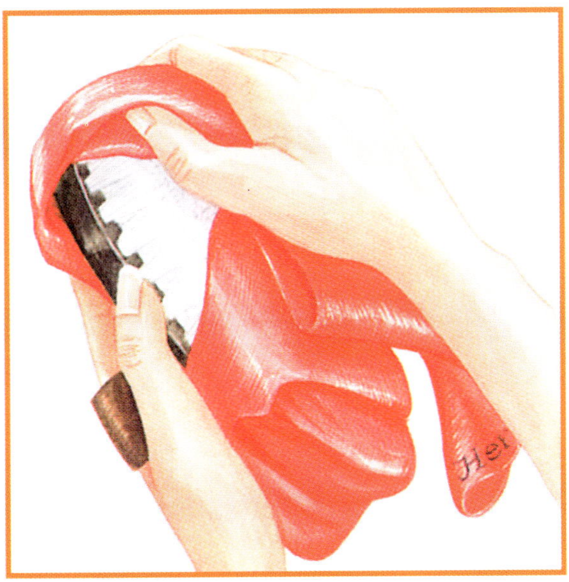

▲ Un vieux foulard de soie placé sur la brosse douce assure le brillant final sans créer d'électricité statique.

▲ Un coup de chiffon final permet d'enlever la poussière qui a pu se déposer lors du brossage. Le pansage est un travail qu'il vaut mieux faire à l'extérieur.

# La stimulation musculaire

La stimulation est un massage des muscles. Le principe est le suivant : lorsque vous appliquez le bouchon ou le sac de cuir en le claquant sur le corps du cheval, celui-ci tressaille juste avant le contact ; ainsi sa musculature travaille et se développe. On dit aussi que cela stimule les glandes qui protègent la peau et le poil et donnent une robe brillante.

La stimulation ne doit se faire que sur les zones musculaires, jamais sur les parties osseuses ou sensibles. Les parties concernées sont en général le haut de l'encolure, les muscles de l'épaule et l'arrière-main.

Cette technique est en générale utilisée après un pansage complet, mais elle peut se faire à n'importe quel moment puisque son but est le massage et le développement musculaire et non le nettoyage. Elle n'est du reste plus guère en vogue ; cela semble être une pratique typiquement anglaise que les continentaux trouvent tout à fait exotique !

▲ Un sac de cuir bourré de crins peut remplacer un vrai bouchon. Claquez-le fermement mais pas trop fort pour ne pas effrayer le cheval.

▼ Pour faire un bouchon, nattez une grosse ficelle d'environ deux mètres de long, en formant des boucles comme ci-dessous, en veillant à ce qu'elle soit toujours serrée. Faites passer l'extrémité dans les dernières boucles et rentrez-la à l'intérieur de la tresse pour finir. Le bouchon doit être à la taille de votre main.

# Nettoyer le fourreau

Les hongres sécrètent à l'intérieur du fourreau une substance grasse et malodorante de couleur foncée, appelée smegma, qui doit être correctement éliminée tous les quinze jours environ, pour éviter l'apparition de maladies. En outre, un fourreau obstrué est très inconfortable pour le cheval.

## Comment procéder

Il n'est pas très facile de nettoyer le pénis du cheval ; essayez d'enlever le maximum de smegma et de saletés, en particulier à l'extrémité. La plupart des chevaux acceptent ce geste facilement ; pour la première fois, faites-vous conseiller par une personne habituée.

Vous avez besoin d'eau tiède et de savon médical pour éliminer les substances grasses, ainsi que d'une éponge. Vous devez rincer le fourreau extrêmement soigneusement et sécher l'intérieur comme l'extérieur avec une serviette.

Terminez en enduisant la paroi intérieure de paraffine liquide, pour rendre le smegma plus facile à éliminer lors du nettoyage suivant.

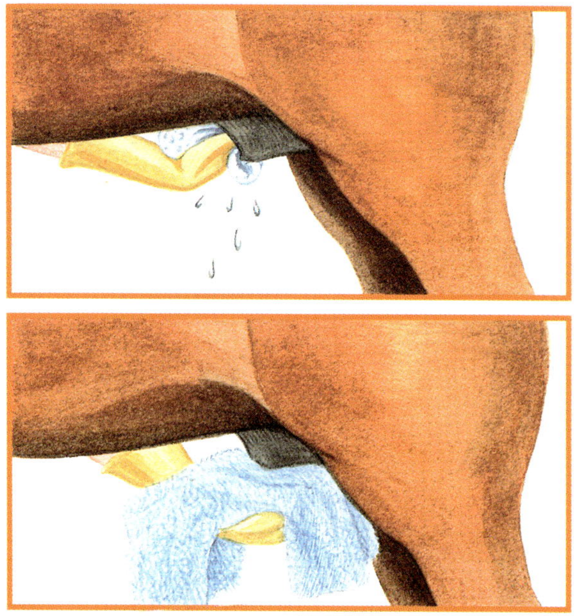

▲ Introduisez doucement l'éponge savonneuse dans le fourreau et nettoyez soigneusement tout l'intérieur. Rincez plusieurs fois et séchez.

▲ Vous avez besoin d'eau tiède, de savon médical, d'une éponge, de paraffine liquide, d'une serviette et, si vous le souhaitez, de gants de caoutchouc.

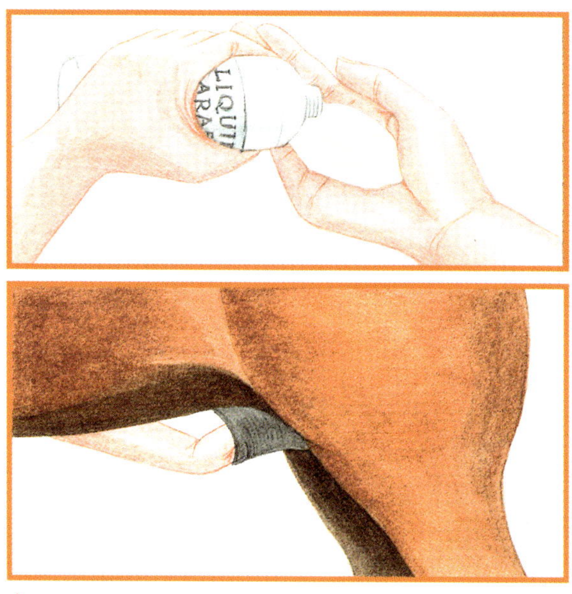

▲ Après avoir rincé, versez de la paraffine liquide au creux de votre main et enduisez l'intérieur du fourreau pour ramollir le smegma en formation et protéger la peau.

# Le cheval très sale

Que votre cheval vive au box ou au pré, il lui arrive de se couvrir de boue ou de saletés diverses ; il demande alors des soins particuliers.

## Brosser le cheval...

Si la boue est sèche, vous devez seulement l'enlever à la brosse dure ; vous pouvez également utiliser une étrille en caoutchouc ou en plastique ou encore un tampon à récurer en plastique (voir page 10). Quel que soit l'instrument que vous choisissez, brossez dans le sens du poil et procédez zone par zone pour détacher la boue. Il est inutile de brosser de la boue humide car vous risquez de la faire pénétrer dans le pelage.

Certains conseillent de laisser la boue sécher pour ensuite de brosser. Vous pouvez accélérer le séchage en couvrant le cheval de paille ; cette dernière sera maintenue en place avec une vieille couverture ; procédez de la même manière pour les jambes avec des bandes de repos.

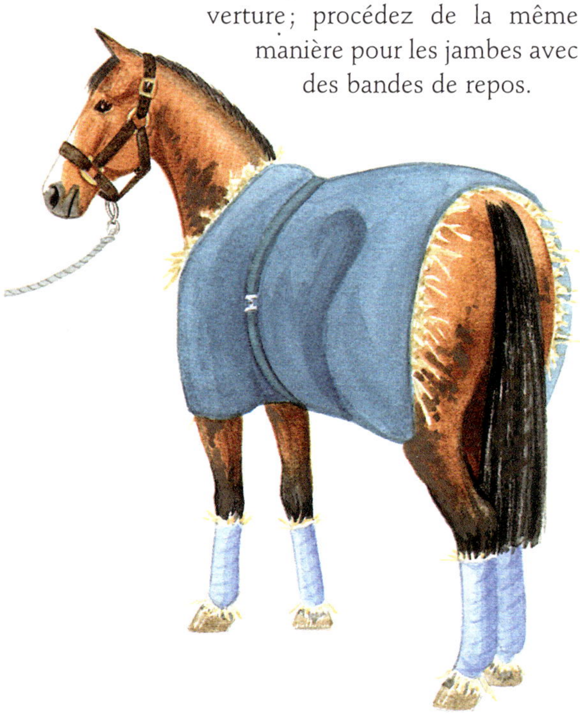

▶ Voici un cheval paillé et aux membres bandés. Une couverture avec surfaix peut être utilisée, à condition de serrer celui-ci raisonnablement.

## ...ou le laver ?

D'autres conseillent de laver le cheval pour le débarrasser de la boue avant de le couvrir de paille (si vous lui mettez une couverture en nid-d'abeilles, la paille sera superflue), ou de le sécher en le bouchonnant avec une poignée de paille ou de vieilles serviettes (mais pas avec le chiffon de pansage). Un sèche-cheveux peut également être utile pour accélérer le séchage. Vous devez alors respecter les mêmes précautions que lors de l'utilisation d'une tondeuse électrique (voir page 11).

Il est très important que le cheval sèche rapidement par temps frais et en hiver. Ne le laissez pas immobile, surtout à l'extérieur ; mettez-lui une couverture ou couvrez-le de paille, bandez-lui les membres et faites-le marcher ou rentrez-le à l'écurie. Un box équipé d'un séchoir à infrarouge est très pratique pour sécher les chevaux mouillés (pas besoin de couverture dans ce cas).

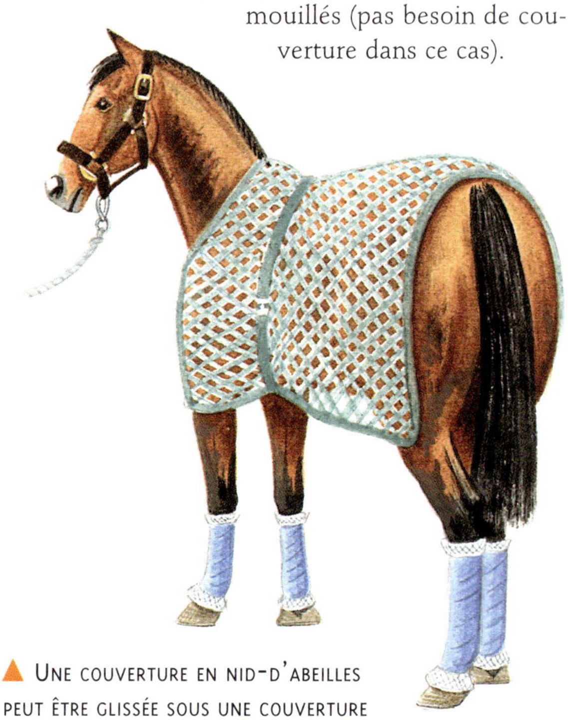

▲ Une couverture en nid-d'abeilles peut être glissée sous une couverture classique ou pour maintenir la paille sur le corps du cheval. Pour bander les jambes, choisissez des morceaux de vieille couverture ou des chiffons de tissus à mailles.

▲ Lavez le cheval (si possible avec de l'eau tiède) de l'avant vers l'arrière (sauf la tête) et enlevez l'excès d'eau avec un couteau de chaleur.

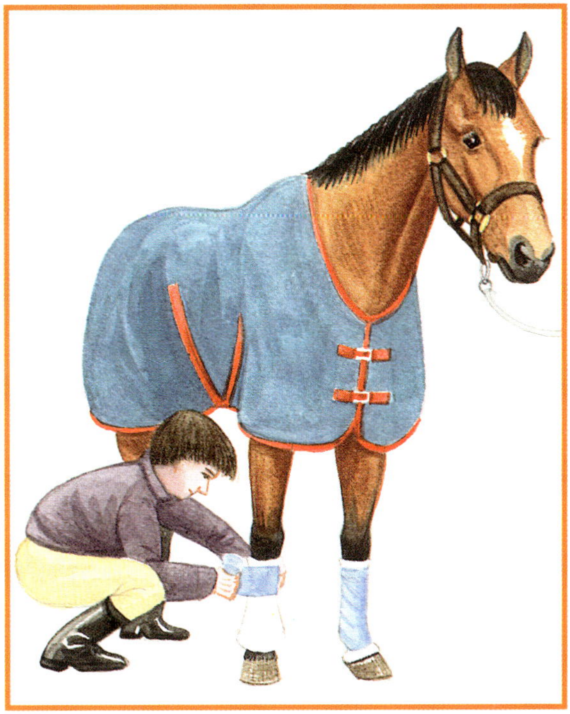

▲ Il est essentiel de sécher le cheval rapidement lorsque le temps est frais, particulièrement les reins, le dos, les oreilles et les jambes (talons et pli du paturon).

▲ Enlevez la boue sèche avec une brosse dure ou une étrille, dans le sens du poil et zone par zone.

▲ Pour enlever la boue sèche de la crinière et de la queue, prenez des mèches de crins et faites-les rouler entre vos mains pour éviter d'utiliser la brosse dure qui abîme les crins.

# Le shampoing

▲ Vous avez besoin de plusieurs seaux d'eau tiède, de serviettes, d'une couverture, de bandes (par temps frais), de deux éponges, de shampoing, d'un couteau de chaleur et d'un sèche-cheveux.

Le shampoing est un moyen efficace de nettoyer le cheval. Il demande moins d'efforts que le pansage, c'est pourquoi on y a recourt, parfois trop souvent. L'excès de savon bloque les sécrétions naturelles, provoque des démangeaisons et alourdit le poil. Ne shampouinez votre cheval que si sa robe est grasse sinon une bonne douche à l'eau tiède sera bien suffisante et moins risquée.

## Le shampouinage et le rinçage

Utilisez du shampoing spécial pour animaux ou du shampoing doux pour bébé. Ne faites pas deux applications, une seule suffit amplement.

Lavez et rincez votre cheval à l'eau tiède. Beaucoup de cavaliers rincent à l'eau froide sans penser que c'est une des choses que le cheval déteste le plus ! N'oubliez pas que vous pouvez ainsi provoquer un refroidissement.

▲ Mouillez le cheval (sauf la tête) et appliquez le shampoing à l'éponge par mouvements circulaires.

Les grosses éponges sont parfaites pour le shampoing mais pensez à en utiliser une pour savonner et l'autre pour rincer car vous ne parviendrez pas à évacuer tout le shampoing de la première.

Si le temps est un peu frais, lavez d'abord l'avant-main en laissant une couverture sur l'arrière-main, puis lavez l'arrière-main en prenant soin de bien couvrir l'avant-main et l'encolure.

## Le séchage

Une fois rincé, paillez votre cheval ou mettez-lui une couverture en nid-d'abeilles et bandez-lui les jambes. Vous pouvez également le laisser sans couverture dans un box chauffé avec une bonne litière, du foin et de l'eau.

Quand vous paillez votre cheval ou si vous utilisez une couverture en nid-d'abeilles, pensez à le débarrasser de l'un comme de l'autre lorsque son poil est encore légèrement humide, pour éviter que des marques ne se forment.

En hiver, il est essentiel de sécher votre cheval le plus rapidement possible en utilisant des serviettes ou un sèche-cheveux pour éviter le refroidissement.

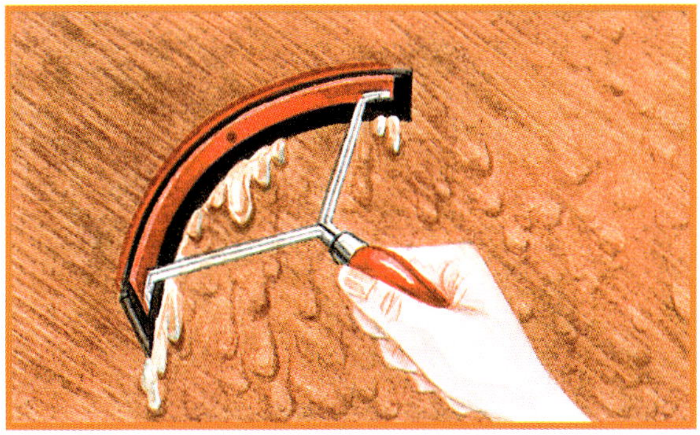

▲ Il est essentiel de bien rincer le cheval car les résidus de mousse peuvent causer des irritations. N'oubliez pas les parties inférieures ainsi que la racine des crins.

▲ Utilisez le couteau de chaleur en effectuant de longs passages dans le sens du poil. La tranche de votre main peut également faire l'affaire.

▲ Un chauffe-eau pour douche équipé d'un tuyau est très utile. Réglez-le sur 40 °C. Essayez-le et vous vous demanderez comment vous avez pu vous en passer !

▲ Un séchoir à infrarouge évite de pailler le cheval, de le couvrir et de le promener pour le faire sécher. Son fonctionnement est rapide et bon marché. Lorsque vous l'utilisez, laissez le haut du box ouvert pour faire circuler l'air.

# *La serviette chaude*

Si le temps est trop froid pour shampouiner votre cheval, utilisez la technique de la serviette chaude. C'est une pratique efficace, sûre et qui évite tout risque de refroidissement.

Vous avez besoin d'un seau d'eau très chaude, de gants de caoutchouc, d'une serviette épaisse et douce ; si le poil de votre cheval est très gras, d'un peu de shampoing ; s'il est terne, d'un peu d'après-shampoing.

## Comment procéder

Mettez juste une noix de shampoing ou d'après-shampoing dans l'eau et mélangez. Plongez la serviette dans l'eau, sortez-la et essorez-la bien.

Secouez-la pour qu'elle ne soit pas brûlante et appliquez-la sur le poil durant 4 ou 5 secondes. La chaleur ramollit le poil et la crasse ; rassemblez alors la serviette en paquet et frottez le poil énergiquement de gauche à droite pour retirer la crasse. Finissez en lissant le poil dans le sens de la pousse, sur tout le corps du cheval.

Pour les jambes, enroulez la serviette et frottez de haut en bas. Si le poil est vraiment gras, renouvelez l'opération. Veillez à disposer d'une eau vraiment chaude pour n'avoir à la changer qu'une fois, après avoir nettoyé un côté du cheval. Vous pouvez bien sûr lui laisser la couverture en la déplaçant en fonction des endroits que vous nettoyez. Lavez la crinière et la queue mèche par mèche. Passez rapidement sur les endroits sensibles (sous la queue, autour du fourreau ou des mamelles).

Cette technique fonctionne également très bien pour les crins : entourez chaque mèche de crins avec la serviette et frottez entre vos mains puis vers le bas. Mais vous pouvez également nettoyer les crins à l'eau, même en hiver. Lavez la queue dans le seau et essorez-la après l'avoir rincée.

▲ Mettez juste une noix de shampoing ou d'après-shampoing dans l'eau et seulement si c'est vraiment nécessaire. Vous n'ébouillanterez pas votre cheval en laissant la serviette faire effet quelques secondes.

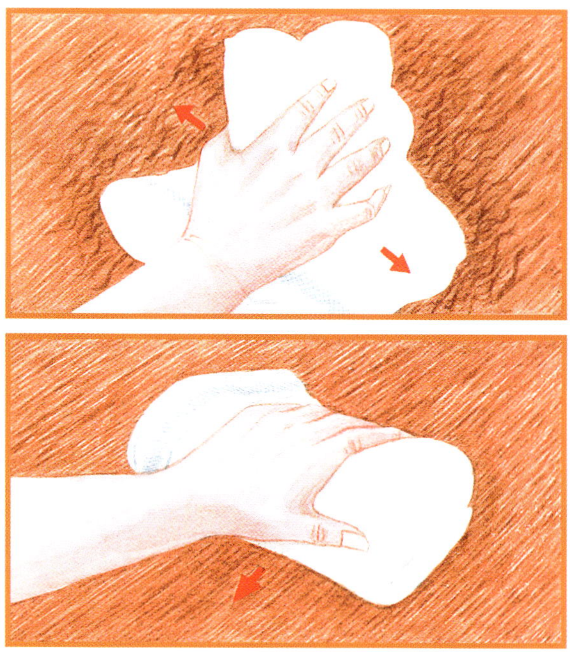

▲ La chaleur ramollit la saleté. Frottez énergiquement de gauche à droite pour l'enlever et finissez en lissant dans le sens du poil.

# Le box de soins

Si vous disposez de suffisamment d'espace, le box de soins est l'aménagement le plus utile dont vous puissiez disposer. Vous pouvez utiliser un box inoccupé mais il est préférable de disposer d'un espace plus important pour avoir de quoi ranger et pour pouvoir circuler tout autour du cheval. Le box de soins peut servir au pansage lorsqu'il fait trop froid dehors, ce qui permet de ne pas saturer de poussière l'air du box habituel ; il sert également pour tondre et toiletter le cheval, pour le ferrer et pour certains traitements vétérinaires.

## L'installation d'un box de soins

Vous pouvez transformer un grand garage sans porte ou une petite écurie inutilisée en box de soins, mais vous pouvez aussi en créer un sous forme d'appentis au bout d'une rangée de boxes. Qu'importe l'endroit pourvu que le cheval y soit protégé et que vous puissiez y installer des prises de courant, un éclairage, éventuellement un séchoir à infrarouge et un sol antiglisse car il n'y aura pas de paille.

Prévoyez des étagères, des placards et des tiroirs pour avoir tout sous la main. L'endroit doit être assez spacieux pour que le cheval ne puisse pas se blesser et qu'il n'abîme pas le matériel en le heurtant ou en marchant dessus. Le sol peut être constitué de caoutchouc strié, ce qui est une bonne précaution lorsqu'on utilise des appareils électriques. Un emplacement séparé mais couvert pour la douche est très pratique ; un tuyau relié à un chauffe-eau (branché par un professionnel) sera idéal. Assurez-vous qu'un écoulement correct est prévu.

# Le pansage du soir

Le pansage du soir consiste à donner à votre cheval un rapide coup de brosse pour stimuler sa peau – surtout s'il porte une couverture –, lui curer les pieds et éventuellement passer une éponge sur les yeux et les naseaux.

Enlevez la couverture ou pliez-la sur l'avant puis l'arrière du cheval s'il fait froid et utilisez la brosse dure pour enlever le fumier, la boue (si votre cheval a passé la journée au pré) et la transpiration séchée (bien que cela ait été fait au cours du pansage complet), puis prenez la brosse douce et brossez la crinière, le toupet et la queue, pour les démêler et enlever les brins de paille.

Vérifiez l'état des fers et curez les pieds au-dessus d'un panier à crottins. Par temps chaud, un coup d'éponge humide rafraîchira le cheval.

Le bandage de queue ne doit pas être laissé en place pour la nuit ; s'il venait à se détacher, il pourrait s'enrouler autour des pieds du cheval et le blesser.

Si vous n'avez pas eu assez de temps dans la journée pour panser votre cheval, vous pouvez le faire à ce moment-là. Même si le cheval se couche ensuite sur une litière souillée, vous n'aurez pas perdu votre temps car l'objectif du pansage est aussi d'empêcher l'accumulation de saleté.

Retirez complètement la couverture ou mieux, changez-la pour une couverture de nuit ; vous pourrez ainsi aérer la couverture de jour. Mettez-la en place avec soin, en veillant à ce qu'elle soit ni trop serrée ni trop lâche.

Enlevez les crottins, vérifiez l'eau et le foin. Tout ceci ne vous prendra pas plus d'une demi-heure.

# Le toilettage et la tonte

C'est une action contre nature que celle de toiletter ou tondre les chevaux. Une robe fournie les protège du froid et de la pluie, et les poils plus longs sous les joues ou les fanons les protègent de l'humidité lorsqu'ils paissent. En été, le toupet de crins fins éloigne les mouches et autres insectes.

L'apparence d'un cheval peut être spectaculairement améliorée s'il est toiletté mais son bien-être compte avant tout. Ne le toilettez que s'il peut s'abriter des insectes et du mauvais temps.

## Réfléchissez avant de tondre

La tonte de la robe d'hiver ne doit être exécutée que si elle est minutieusement préparée et réfléchie. Même si votre cheval est d'une race robuste et que vous ne le tondez que légèrement, il devra être rentré au box pour la nuit et devra porter une couverture pour remplacer la régulation naturelle de sa température.

## L'entretien du cheval tondu

Entretenir un cheval tondu qui vit à l'écurie demande du temps. Vous devrez consacrer plusieurs heures par jour à le sortir, le panser et faire son box. Il doit être nourri régulièrement. Votre récompense sera de pouvoir monter un cheval qui peut travailler normalement et sans risque de refroidissement par un jour d'hiver.

## La tonte d'entretien

Un cheval revêt deux robes dans l'année : une robe d'été qui pousse au printemps et une robe d'hiver qui pousse à l'automne. Par conséquent, si vous tondez la robe d'hiver, elle ne sera pas remplacée ; une tonte d'entretien sera en revanche nécessaire pour enlever le poil de repousse fin et hirsute.

Lorsqu'il s'agit de toilettage et de tonte, rien ne remplace l'expérience. S'il paraît évident à chacun de manier des ciseaux ou une tondeuse, il est moins facile de savoir les utiliser correctement.

Avant

Après

# Toiletter la tête

Les lignes d'une tête fine peuvent être accentuées et celles d'une tête lourde peuvent être allégées par la coupe des poils qui poussent le long des joues, autour de la bouche et sur les oreilles.

Coupez toujours prudemment, au niveau du poil, en utilisant des ciseaux à bouts ronds.

## Les joues

Pour commencer, passez le licol autour de l'encolure avec la muserolle vers l'avant. Même si le cheval est très calme, faites-le tenir par un aide. Lorsque vous aurez terminé, la ligne de la joue et de l'auge doit être égale et paraître naturelle. Coupez toujours peu à peu car couper trop de poils en une fois peut provoquer des crans très disgracieux.

## Autour de la bouche

Certains préfèrent laisser longs les poils qui poussent autour de la bouche car ils agissent comme des antennes sensitives. Ne pas les couper ou les couper complètement, c'est une question d'opinion. Si vous choisissez de les couper, ne le faites qu'avec des ciseaux à bouts ronds. Ne coupez pas les poils situés autour des yeux ; ils protègent le cheval de certaines affections.

## Les oreilles

Les poils qui poussent à l'intérieur des oreilles protègent le cheval des insectes et des courants d'air. Ils ne doivent être enlevés sous aucun prétexte. On peut toutefois couper ceux qui dépassent du bord de l'oreille et sur la partie plate, pour donner à l'ensemble un aspect plus pointu. Travaillez calmement, avec un aide pour tenir le cheval. Certains chevaux seront plus calmes s'ils ne voient pas ce que vous faites ; votre aide peut ainsi placer sa main au-dessus de l'œil du cheval pour lui cacher la vue, comme le ferait une œillère.

▲ 1. De longs poils poussent le long des joues et de l'auge ; coupez-les en faisant attention de ne pas faire de crans disgracieux.

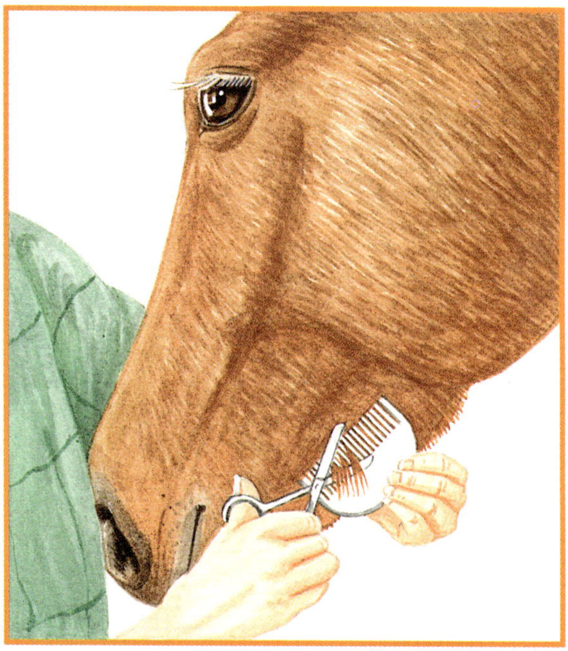

▲ 2. Utilisez les ciseaux avec un peigne pour égaliser. Travaillez de l'auge vers la gorge. Coupez également les poils des joues et autour de la bouche.

# Toiletter les oreilles

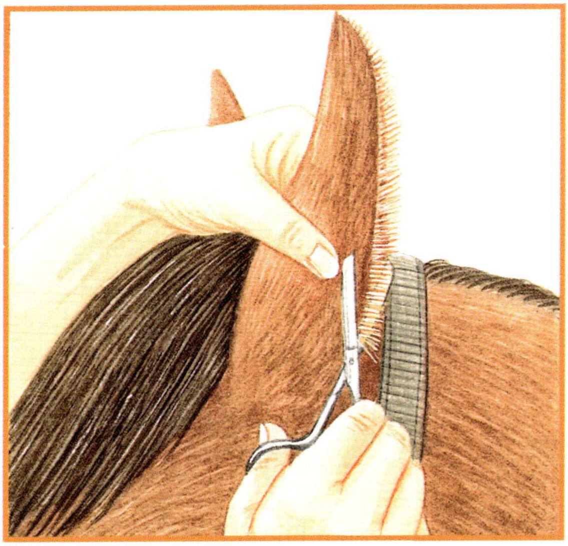

▲ 1. Prenez l'oreille doucement dans la main gauche. Rapprochez les deux bords et coupez les poils qui dépassent du bord de l'oreille.

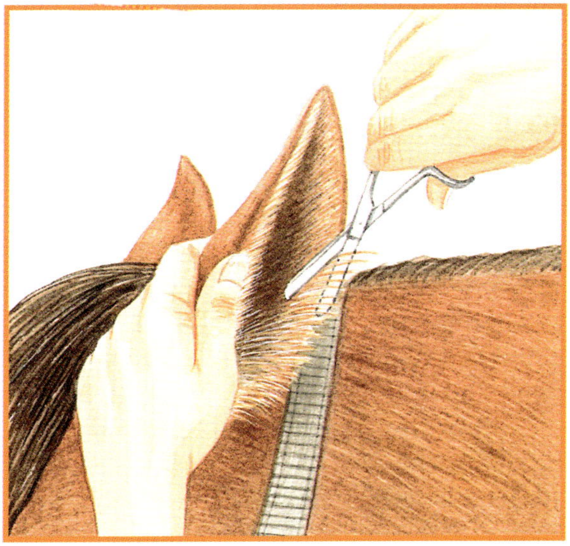

▲ 2. Ouvrez l'oreille avec précaution et tenez-la avec la main gauche. Coupez les poils de la pointe vers la base de l'oreille, autour des bords.

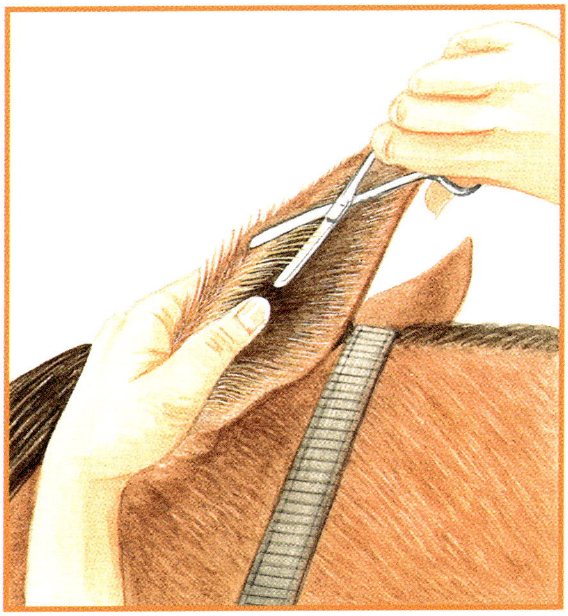

▲ 3. Coupez les poils qui dépassent sur le bord avant de l'oreille. C'est une zone sensible pour le cheval, vous devez donc agir doucement. Les poils à l'intérieur et autour du bord de l'oreille sont maintenant égalisés et courts.

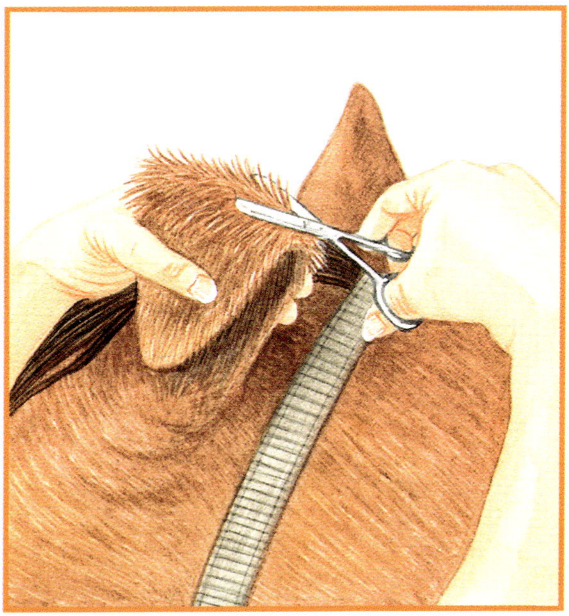

▲ 4. Pliez l'oreille pour couper les poils qui poussent sur la partie arrière de l'oreille. Puis toilettez l'autre oreille. Avant de finir, assurez-vous qu'elles sont toutes deux identiques.

# Toiletter les jambes

En été, vous pouvez améliorer l'aspect général de votre cheval en coupant les fanons, les poils du boulet et de la couronne. Cette coupe affinera les jambes. Toutefois, si votre cheval vit au pré en hiver, il est préférable de lui laisser ses poils car ils permettent à l'eau de s'écouler, préservant ainsi le pli du paturon de l'humidité.

## Comment procéder

Plus les poils des jambes seront fournis, plus celles-ci seront difficiles à toiletter. Si vous coupez plus sévèrement à certains endroits qu'à d'autres, vous obtiendrez des crans très disgracieux à l'arrière des jambes. Pendant que vous travaillez, accroupissez-vous dans une position qui vous permettra d'éviter un éventuel coup de pied. Procédez comme le montrent les dessins. Un toilettage réussi doit sembler parfaitement naturel, comme si les jambes n'avaient jamais eu de poils et comme si elles n'avaient jamais vu une paire de ciseaux.

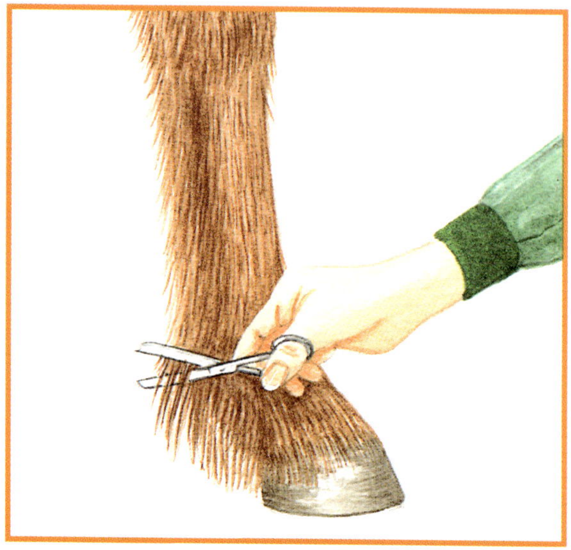

▲ 1. Coupez la plus grand partie des poils du boulet. Laissez environ 3 cm pour pouvoir ensuite couper à la forme de la jambe.

Avant

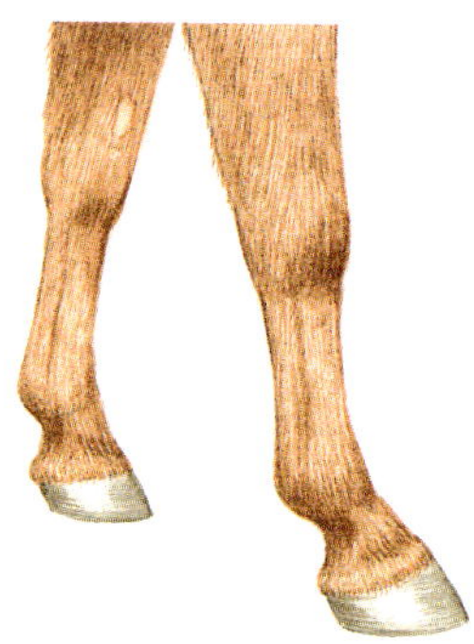

Après

▲ Les chevaux de concours doivent avoir des jambes nettes et toilettées. Les jambes non toilettées sont plus sensibles à un échauffement dû à la boue et il est plus difficile d'y distinguer les blessures.

▲ 2. Peignez les poils du paturon. Lorsque les poils sont pris dans les dents du peigne, coupez tout ce qui dépasse jusqu'à ce que les poils du pli du paturon soient courts et égalisés.

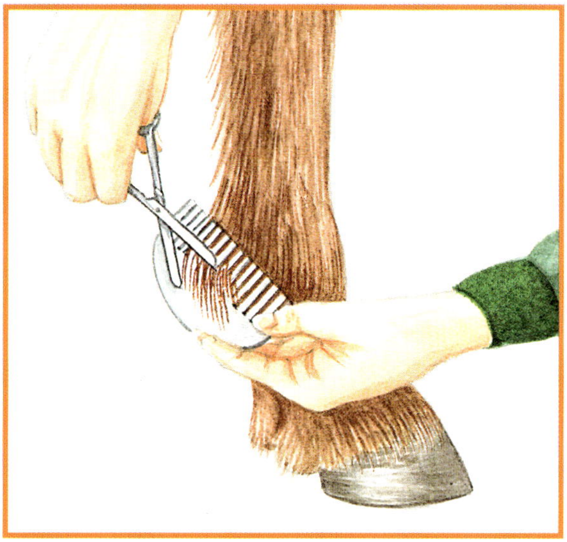

▲ 3. Utilisez le peigne et les ciseaux comme ci-dessus pour couper les fanons. Travaillez de l'ergot vers le tour de l'articulation en essayant de donner un aspect naturel.

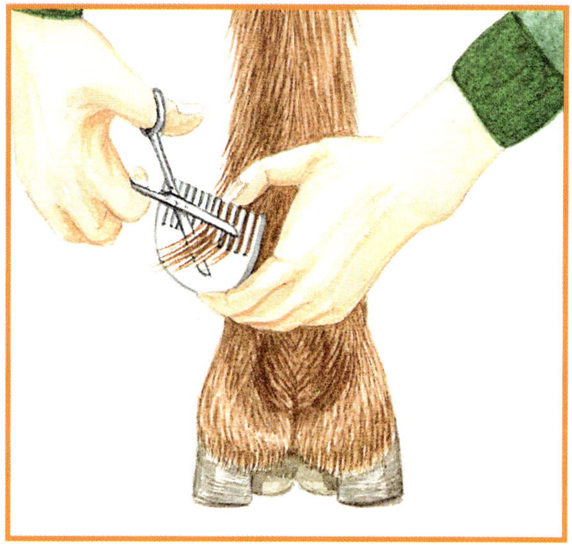

▲ 4. Répétez la procédure pour l'intérieur du fanon ; coupez peu à peu et gardez la forme pointue.

▲ 5. Coupez les longs poils du canon au peigne et aux ciseaux en prenant garde de ne pas faire de crans.

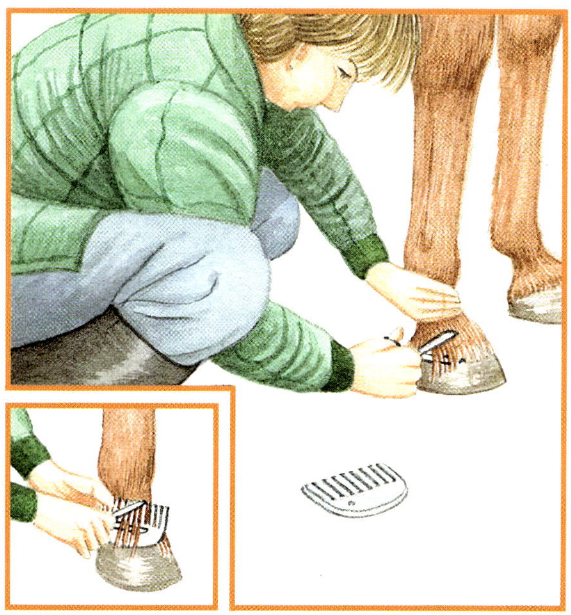

▲ 6. Les poils touffus qui poussent sur la couronne doivent être coupés au peigne et aux ciseaux. Finissez en coupant tout autour du sabot, légèrement au-dessus de la couronne.

# Réflexions générales sur la tonte

Le choix de la tonte devra se faire en fonction des besoins particuliers de chaque cheval, du travail qu'il fournit et de son mode d'hébergement. Les tontes les plus courantes sont la tonte complète, la tonte de chasse, la tonte de course ou « en manteau » et la tonte de trait.

Si le cheval passe la nuit au box et fournit un travail normal en hiver, il est préférable de lui enlever une partie ou la totalité de son poil d'hiver. Pour un meilleur résultat, attendez que le poil d'hiver ait poussé entièrement pour tondre. C'est en général en octobre.

## Quelques bonnes raisons de tondre :

• Permettre au cheval de bien travailler sans les désagréments que cause un poil lourd.

• Limiter la transpiration, aidant ainsi à maintenir une condition physique optimale.

• Prévenir les coups de froid car le poil d'hiver sèche lentement.

• Garder le cheval propre plus facilement.

• Pour des raisons médicales : on peut être amené à tondre une petite surface pour pouvoir examiner une blessure et la soigner plus facilement.

## Ne tondez pas votre cheval sans avoir pris connaissance de ceci :

• Les chevaux peuvent travailler normalement sans être tondus.

• Vous allez devoir acheter ou emprunter une tondeuse.

• Habituer un cheval à la machine prend du temps et exige de la patience.

• Vous allez avoir besoin d'un aide expérimenté (et de deux si le cheval est nerveux).

• Le cheval pourra avoir besoin d'une tonte d'entretien toutes les deux ou trois semaines.

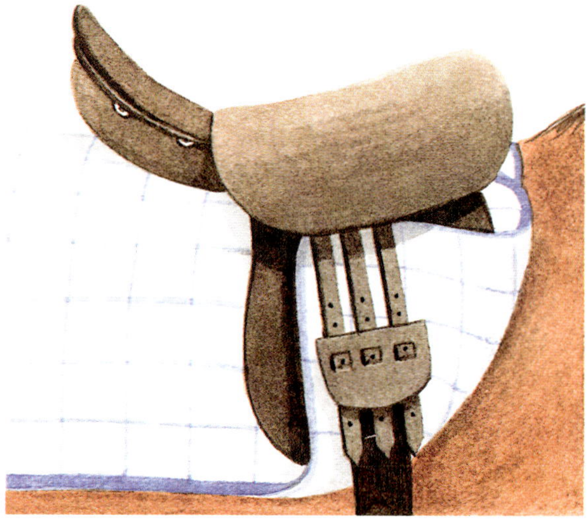

▲ Lorsque vous utilisez une couverture de travail, pliez-la en deux sous la sangle de la selle pour l'empêcher de glisser vers l'arrière durant le travail.

• Le cheval tondu devra être l'objet de beaucoup d'attentions quotidiennes : il devra être nourri, pansé et sorti régulièrement.

• Vous devrez également être vigilant pour toute irritation causée par les frottements de la selle et du filet. Les chevaux tondus doivent être rentrés au box pour la nuit et porter une couverture en permanence.

• Vous aurez besoin des protections suivantes : une couverture chaude pour la nuit, une sous-couverture chaude, un pad et un surfaix, une couverture en nid-d'abeilles à mettre après le travail, pour voyager ou dans des circonstances de froid extrême, une couverture de travail, une couverture pour le pré et, pour le cheval entièrement tondu, un assortiment de bandes de repos et de protections diverses destinées à améliorer la circulation sanguine par grand froid.

Utilisez votre bon sens, sachez observer à la fois le temps et la forme physique de votre cheval !

# Comment tondre

## Apprendre à tondre

Si possible, observez un spécialiste au préalable pour savoir de quoi il retourne. Avant de tondre votre cheval, demandez à une personne expérimentée comment commencer et essayez de vous faire la main sur un cheval calme. Rappelez-vous : si vous faites des erreurs, la robe repoussera toujours !

## Où tondre ?

• Travaillez dans un endroit sûr, calme, clos et de préférence à l'extérieur.

• Pour tondre, vous devez disposer d'un branchement proche pour la tondeuse. Les fils qui traînent par terre sont à proscrire.

• Ne tondez pas dehors par temps humide. Assurez-vous que vous et votre cheval êtes sur une surface sèche.

• Si vous tondez dans un box, balayez la paille ; le nettoyage sera facilité. Enlevez le seau d'eau. Moins il y aura d'eau et de métal autour de vous et mieux ce sera.

• Certains cavaliers disposent de boxes spéciaux, pourvus d'un sol de caoutchouc et d'un éclairage artificiel. Ces installations sont très utiles lorsque le temps est trop humide pour tondre dehors.

• Prévoyez un filet de foin pour aider le cheval à passer le temps.

## Quelques conseils utiles

• Habillez-vous confortablement ; une blouse ou un vêtement de travail vous protégera des poils qui volent et irritent la peau. Ne portez pas de laine car les poils s'y accrochent ; attachez vos cheveux si nécessaire et portez un couvre-chef. Un chapeau un peu rembourré vous protégera un minimum face à un cheval nerveux et maladroit. Vos chaussures doivent vous protéger les pieds ; des semelles de caoutchouc sont indispensables.

• Procédez calmement et patiemment ; il ne faut jamais être pressé lorsqu'on tond un cheval. Accordez-vous tout le temps nécessaire, au moins trois heures pour la plupart des tontes.

• Tondez lorsque la lumière est suffisante. Tondez plutôt le matin ; en automne, les après-midi sont frais et la lumière faiblit vite. La lumière du jour est la meilleure pour ce genre de travail.

• Soyez vigilant sur la quantité de poils que peut tondre votre tondeuse ; si vous en prenez trop en un seul passage, vous risquez de tirer sur la peau. La plupart des chevaux qui n'aiment pas la tondeuse ont été coupés, heurtés ou blessés par les lames.

• Notez que les chevaux qui n'ont pas eu à subir de désagréments lors de la tonte aiment être tondus ou toilettés, de même qu'ils apprécient un bon pansage.

▲ Dessinez les contours de votre future tonte avec du savon ou de la craie sur la robe du cheval. Vérifiez que les lignes sont symétriques de chaque côté. Un morceau de ficelle sera un bon instrument de mesure.

## Se lancer !

La veille du jour choisi pour tondre votre cheval, faites-le bien travailler. Ne le montez pas le jour de la tonte car vous ne pouvez pas tondre un cheval dont la robe est humide. Pansez-le minutieusement (une robe propre est plus facile à tondre). Marquez à la craie ou au savon les contours de la tonte. Préparez la tondeuse, faites un essai sous l'encolure pour vérifier le bon fonctionnement de votre appareil. Les lames doivent glisser et couper facilement le poil ; vous ne devez pas appuyer. Si la tondeuse ne fonctionne pas correctement, arrêtez immédiatement car vous risquez de blesser votre cheval.

La machine peut peiner pour différentes raisons : une alimentation électrique insuffisante, des lames émoussées ou inadaptées à l'épaisseur de la robe. À vous de trouver le problème et d'y remédier.

• Tondez toujours à rebrousse-poil ; les dessins ci-dessous vous montrent comment s'attaquer aux zones où le poil pousse dans plusieurs sens.

• Travaillez le long du corps du cheval, de l'avant vers l'arrière, en procédant par petites surfaces et en couvrant avec une couverture les parties du dos déjà tondues.

• Tondez par bandes successives. Chaque bande doit légèrement chevaucher la précédente, afin que les lames n'aient pas une bande entière de poils à tondre.

• Veillez à ce que les lames soient toujours à plat par rapport au corps du cheval ; si elles forment un angle, vous risquez de couper la peau et d'obtenir une tonte irrégulière.

• Lorsque vous tondez une robe épaisse, passez deux ou trois fois au même endroit pour couper progressivement la totalité du poil.

• Surveillez la chaleur des lames. Arrêtez la tondeuse de temps en temps pour les laisser refroidir ; profitez en pour examiner votre travail ; repérez les endroits que vous avez mal tondus ou qui demandent à être améliorés.

• Une petite pause en cours de séance ne fera de mal à personne ; rentrez votre cheval au box et détachez-le pour qu'il puisse se détendre et boire.

• Les chevaux sont particulièrement sensibles à certains endroits comme la tête, sous le ventre, la partie interne des membres : tondez ces zones avec des lames parfaitement refroidies.

• Les parties comme la gorge, le poitrail ou sous le grasset sont difficiles à atteindre. Avec votre main, étirez doucement la peau sur une zone plate pour que la tondeuse puisse y passer. Prenez garde à ne pas entailler la peau sinon votre cheval n'acceptera pas que vous repassiez à cet endroit.

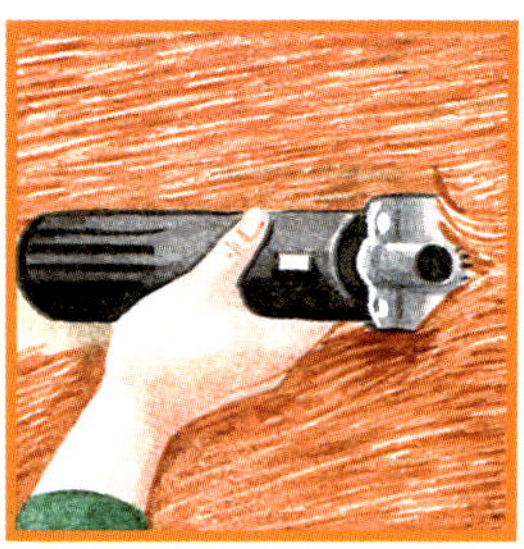

▲ Voici comment tondre une bande de poils ; faites avancer doucement la tondeuse le long de votre marque à la craie.

▲ Si vous oubliez de chevaucher légèrement les bandes que vous tondez, vous ne pourrez pas obtenir un effet final lisse et régulier.

▲ Vous pouvez arranger les irrégularités en tenant la tondeuse à l'envers.

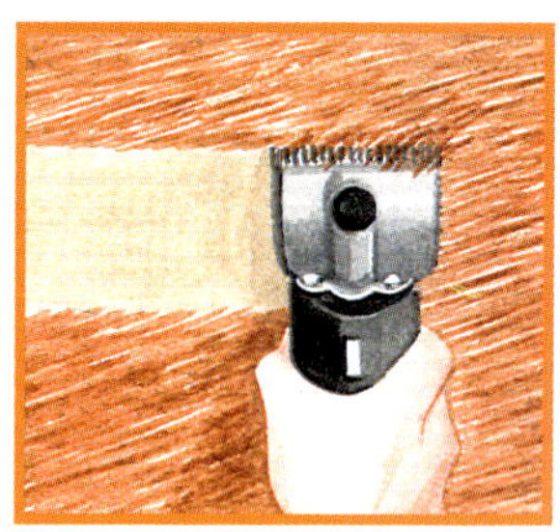

▲ Vous pouvez aussi la passer verticalement mais cela demande une main très sûre et un cheval très calme !

## Le travail de l'assistant

Il consiste à :

• Tenir le cheval, le rassurer et le distraire lorsque la tondeuse passe dans des endroits délicats.

• Empêcher le cheval de bouger en prenant un antérieur (indispensable lorsqu'on doit tondre les jambes d'un cheval agité). L'assistant doit se tenir bien en équilibre sur ses deux pieds légèrement écartés ; il doit tenir le sabot dans une main et soutenir le genou avec l'autre main. Lorsqu'on travaille sur les postérieurs, l'assistant doit tenir l'antérieur latéral car le cheval peut donner un coup de pied.

• Aider lors de la tonte de la tête en tenant le cheval et en le rassurant. Si cela est nécessaire, on peut lui cacher la vue avec la main. Certaines parties de la tête sont plus faciles à tondre lorsqu'on enlève le licol et qu'on le passe autour de l'encolure, la muserolle vers l'avant.

• En dernier recours, mettre le tord-nez pendant que l'on passe la tondeuse rapidement sur les dernières zones sensibles.

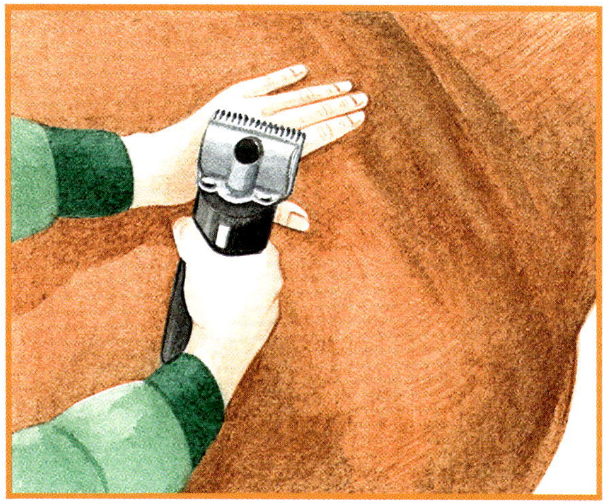

▲ Pour habituer votre cheval aux vibrations de la tondeuse, placez la paume de votre main sur l'épaule, par exemple, et placez la tondeuse en marche derrière votre main. Caressez le cheval avec la poignée de la tondeuse pour qu'elle lui soit aussi familière qu'une brosse.

## Tondre un jeune cheval ou un cheval nerveux

Prévoyez dix minutes par jour pendant une semaine, durant lesquelles vous habituerez le cheval au son et aux vibrations de la tondeuse.

D'abord, approchez la tondeuse. Ensuite, montrez-la lui après l'avoir arrêtée. Laissez-le la sentir et l'examiner. Caressez-le avec, ne l'effrayez pas avec le fil. Récompensez-le pour qu'il associe la machine à un moment agréable. Si vous tondez un autre cheval, laissez-le regarder.

Si possible, pour la première fois, ne le tondez pas entièrement. Optez pour une tonte partielle, il n'en sera que plus détendu à la séance suivante.

## Sédatifs

Si votre cheval ne tolère absolument pas la tonte, demandez au vétérinaire de lui prescrire un sédatif adapté. Cela donne parfois de bons résultats. Quoi qu'il en soit, cela vaut la peine d'essayer pour assurer votre sécurité et celle du cheval.

## Après la tonte

Lorsque la tonte est terminée, pansez votre cheval et mettez-lui une couverture. S'il est un peu agité, faites-le marcher et brouter. Balayez les poils et mettez-les à la poubelle dans un sac car ils ne se décomposeront pas sur le tas de fumier.

# La tondeuse

Il existe plusieurs types de tondeuses. Les tondeuses électriques sont les plus courantes et doivent toujours être utilisées avec un coupe-circuit pour plus de sûreté. Vous pouvez également vous procurer des tondeuses rechargeables (sans fil) et d'autres dont le chargeur s'attache à la ceinture, pourvues d'un câble qui relie la ceinture à la main. Il existe aussi des petites tondeuses destinées aux parties sensibles comme la tête, rechargeables ou équipées de petites batteries portatives ; elles ne conviennent pas pour tondre toute la robe.

## Avant la tonte

Avant de tondre votre cheval, assurez-vous que le fil, la prise et le coupe-circuit sont en bon état ou faites-les vérifier par un électricien. Respectez les conseils du fabricant sur le choix des lames et la manière de les fixer ; les lames moyennes ou fines sont les plus couramment utilisées. Vérifiez que la tondeuse est propre, bien huilée et en état de marche. Huilez-la encore avant de l'utiliser puis mettez-la en marche et essuyez les dents. Vissez l'écrou de tension à fond et ensuite dévissez d'un tour et demi. Si la tondeuse tourne trop doucement et avec peine, l'écrou est trop serré. Si elle fait un bruit aigu et rapide et que les lames s'entrechoquent, l'écrou est trop lâche.

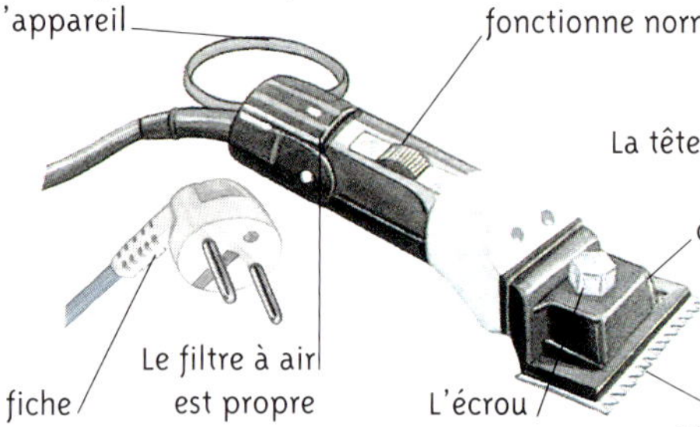


▲ Points importants à contrôler avant de tondre.

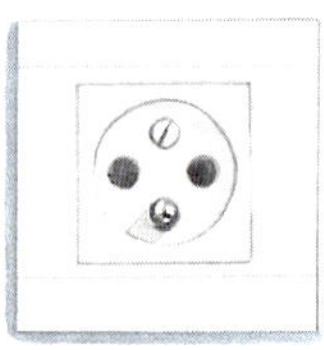

**Prise avec terre** Elle permet d'assurer une meilleure sécurité.

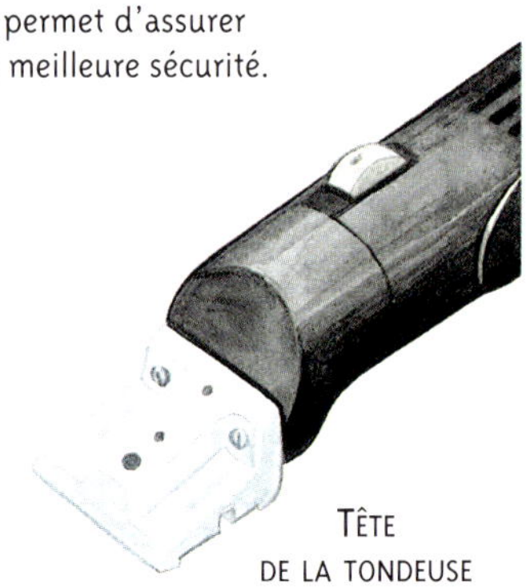

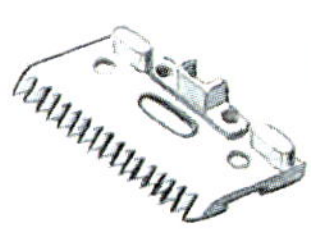

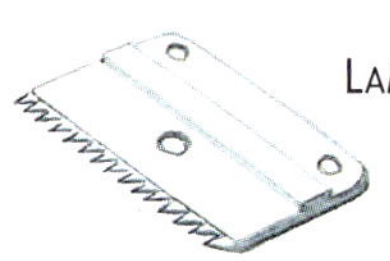


▲ La tondeuse et chacune des pièces doivent être maintenues propres et sèches. Le bon entretien de votre tondeuse

## Pendant la tonte

Veillez à ce que le cheval ne mordille pas le câble et qu'il ne marche pas dessus pendant que vous le tondez. Pendant la séance, nettoyez et huilez les lames de temps à autre ; ôtez également les poils de la tête de la tondeuse et du filtre à air, s'il y en a un. Vérifiez que les lames ne chauffent pas excessivement et si c'est le cas, arrêtez la machine jusqu'à ce qu'elles soient refroidies.

## Après la tonte

Une fois la tonte terminée, brossez minutieusement votre tondeuse. Nettoyez le filtre à air. Démontez et nettoyez la tête, ainsi que les lames. Passez-les au désinfectant pour prévenir tout risque d'infection et séchez-les soigneusement. Rangez la tondeuse dans un endroit sec, lames démontées.

# La tonte complète

La tonte complète est destinée aux chevaux qui travaillent intensément ou qui tournent régulièrement en compétition durant la saison d'hiver. Les chevaux dont le poil est particulièrement fourni sont même tondus en été afin de limiter la transpiration excessive. Les chevaux de chasse à courre sont souvent tondus complètement en automne et tondus « chasse » en novembre. Les jambes tondues sont plus faciles à garder propres, même si un poil léger repousse afin d'assurer une protection minimum. La tonte complète consiste à enlever tout le poil sauf un petit triangle au-dessus du couard et une fine ligne à la racine de la crinière, qui s'élargit vers le garrot.

Avant de décider de tondre complètement votre cheval, vérifiez bien que vous avez des couvertures suffisamment chaudes, qu'elles sont en bon état et qu'elles lui conviennent.

▲ TONTE COMPLÈTE.

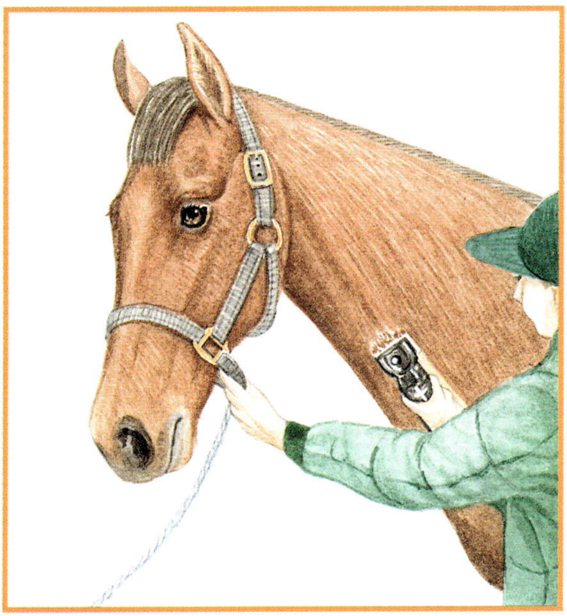

▲ 1. METTEZ LA TONDEUSE EN MARCHE ET COMMENCEZ PAR TONDRE À CET ENDROIT. PLACEZ BIEN LA TÊTE DE LA MACHINE LE LONG DU POIL ET CONTINUEZ DE TONDRE DOUCEMENT, À REBROUSSE-POIL.

▲ 2. POUR TONDRE LA LIGNE DE LA CRINIÈRE : BROSSEZ LES CRINS DE L'AUTRE CÔTÉ DE L'ENCOLURE ET TONDEZ À 1 CM DE LA RACINE EN DESSINANT UNE LIGNE CONTINUE BIEN NETTE.

## Tondre le corps

Lorsque vous tondez, procédez toujours de l'avant vers l'arrière en dépliant la couverture au fur et à mesure des zones que vous avez fini de tondre. Après le corps, tondez les jambes, toujours à rebrousse-poil et par sections successives en commençant par le haut de la jambe. Tondez tout autour de la châtaigne ; prenez chaque pied pour tondre autour du paturon et de la couronne.

## Tondre la tête

Tondez la tête comme l'indiquent les dessins de la page 40. Les lames doivent être froides. Soyez calme et très patient. En prenant votre temps et en faisant preuve de persévérance, vous parviendrez certainement à tondre entièrement la tête sans recourir au tord-nez. Toutefois, si le cheval ne supporte pas la tondeuse sur certaines parties de la tête, utilisez-le. Vous aurez besoin d'un assistant expérimenté. Ne mettez jamais le tord-nez autour d'une oreille ou de la lèvre inférieure. Une fois qu'il est en place, finissez le travail rapidement et prudemment. Enlevez-le dès la tonte terminée et frictionnez le nez de votre cheval pour rétablir la circulation sanguine.

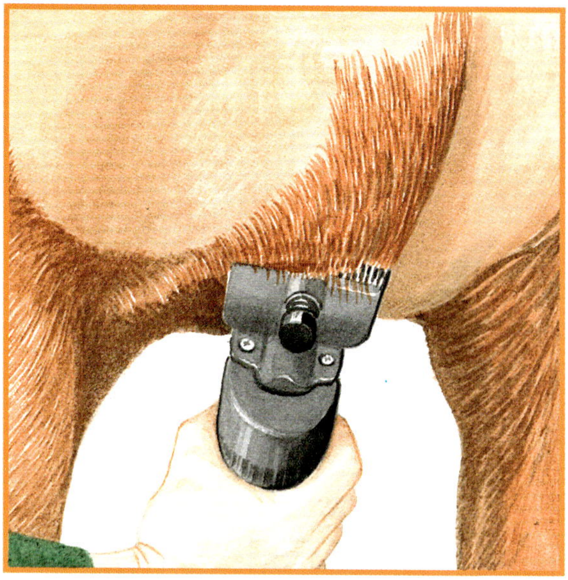

▲ Le poitrail est un des endroits les plus difficiles à tondre. Faites attention de ne pas couper le cheval.

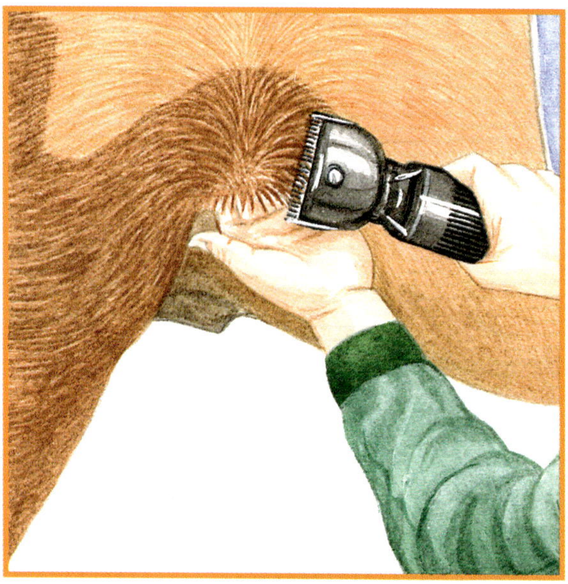

▲ 3. Du pli du grasset à la hanche. À cet endroit le poil pousse en forme d'éventail. Tondez à rebrousse-poil, par demi-cercles. Faites ressortir le poil du pli de la cuisse avec votre main, comme ci-dessus et soyez prudent.

▲ 4. Tonte de la croupe. Une couverture est placée sur le dos et les reins, qui ont déjà été tondus. Il est facile de tondre la croupe mais c'est l'endroit le plus offert à la vue : restez vigilant !

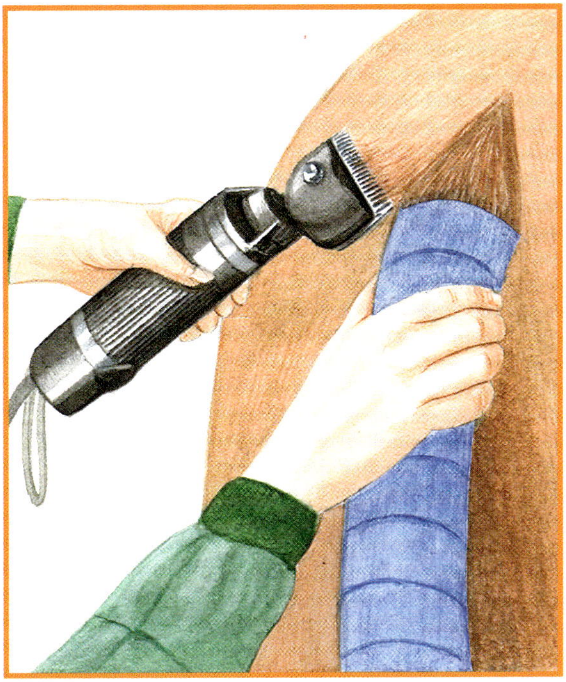

▲ 5. Pour laisser un triangle au-dessus du couard, dessinez une ligne d'une quinzaine de centimètres de chaque côté de la queue vers le haut, en prenant comme repère du milieu la colonne vertébrale afin de réaliser un triangle isocèle.

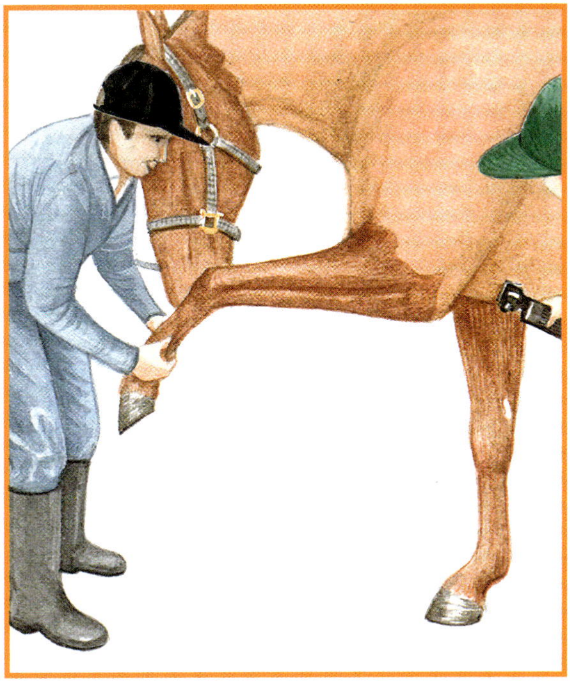

▲ 6. Demandez à un aide de lever l'antérieur pour tondre la peau du coude, afin d'éviter les coupures. Votre main libre peut déplacer doucement la peau pour la rendre accessible.

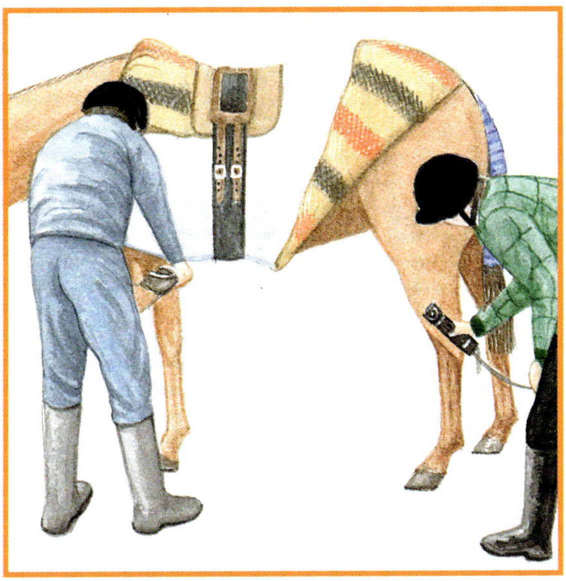

▲ 7. Pour éviter coups de pied et ruades, on peut lever un antérieur en le soutenant par le genou et le sabot. Ainsi le cheval aura plus de mal à déplacer son avant-main ou son arrière-main.

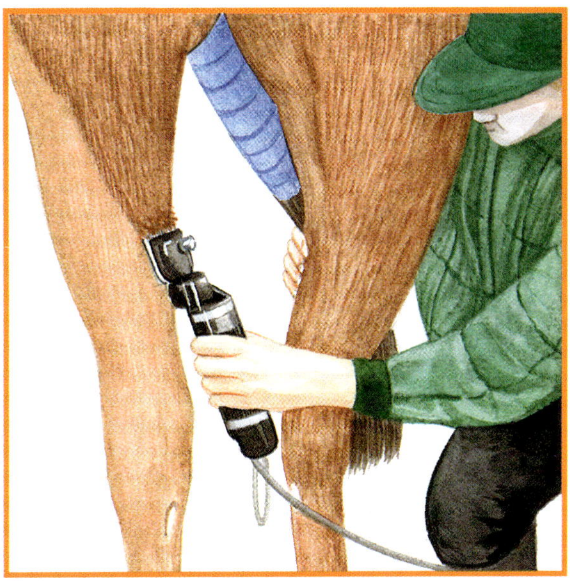

▲ 8. Pour tondre l'intérieur d'un postérieur, il est parfois plus facile de se placer du côté opposé. Détectez tout mouvement en tenant la queue et la jambe et restez vigilant !

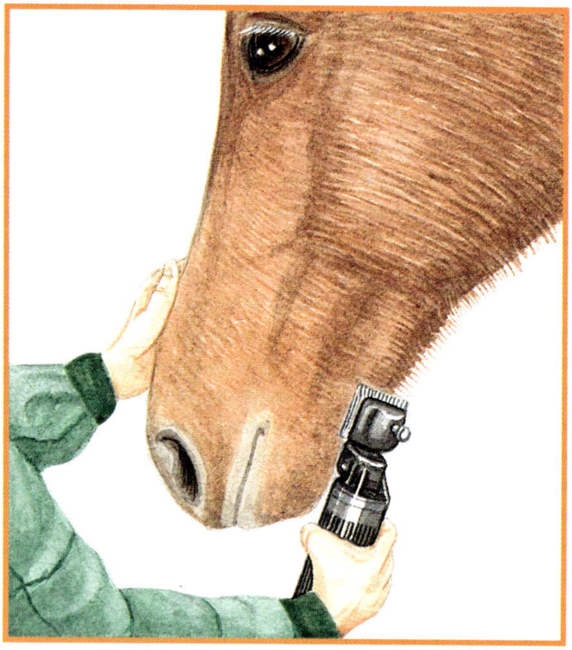

▲ 9. Tondez du menton vers la gorge (les poils de la gorge poussent dans des sens différents car la peau est souple à cet endroit). Faites ensuite les joues. Taillez doucement sur les parties osseuses pour diminuer les vibrations.

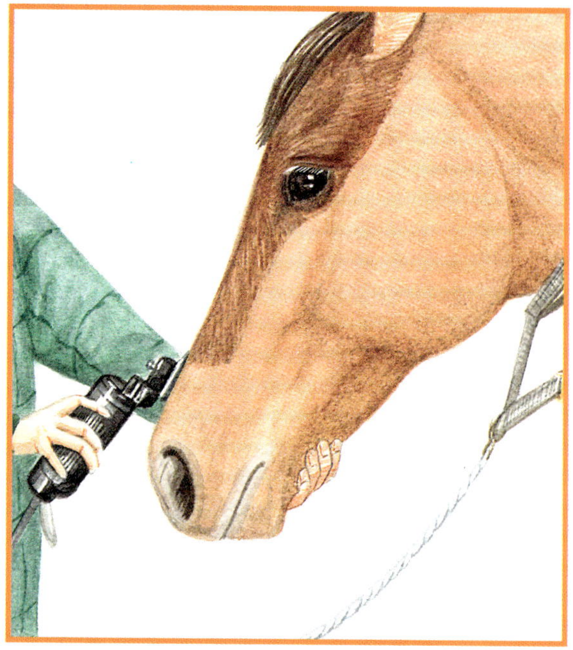

▲ 10. Maintenant tondez le chanfrein en commençant entre les naseaux et en terminant par la racine du toupet. Faites particulièrement attention aux ganaches et à l'auge ainsi qu'aux salières.

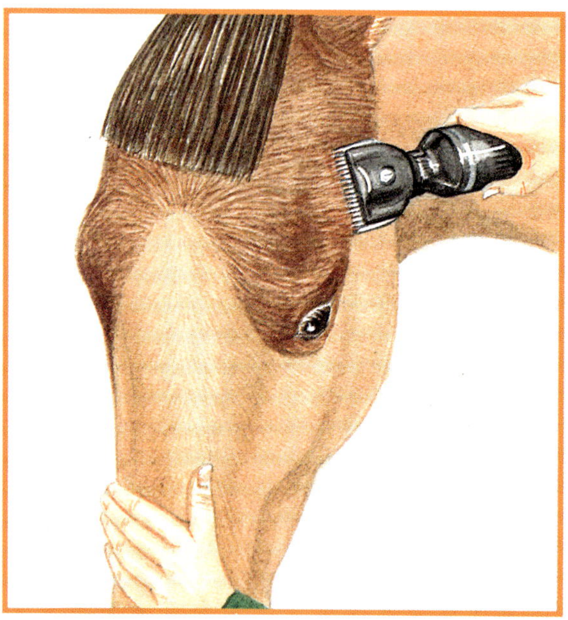

▲ 11. Ensuite tondez le haut de la tête, au-dessus des yeux et autour de la base des oreilles. Attention au toupet ! Les salières sont des zones très délicates, soyez donc particulièrement minutieux.

▲ 12. Tondez les oreilles en dernier (adaptez la méthode montrée page 29). Si vous ne parvenez pas à les atteindre, montez sur une caisse ou un petit tabouret. Vous devrez peut-être recourir à l'usage du tord-nez.

# La tonte de chasse

Les chevaux de chasse à courre et les hunters travaillent beaucoup et longtemps. Ils ont donc besoin d'être tondus, mais leurs jambes doivent rester protégées des épines et des chocs ; de plus, leurs reins peuvent être endoloris par le poids du cavalier qu'ils portent durant plusieurs heures. La tonte de chasse concerne donc le corps et la tête, comme pour la tonte complète, mais on laisse les poils longs sur les jambes et à l'emplacement de la selle.

On dispose ainsi d'un tapis de selle naturel, qui doit être parfaitement symétrique de chaque côté de l'épine dorsale et du garrot.

## Comment procéder

Pour tracer la forme de la selle, posez-la sur le dos de votre cheval sans la sangler et placez-la dans sa position habituelle (rien n'est plus laid qu'une tonte aux contours mal dessinés par rapport à la selle). Dessinez les contours à la craie puis tondez soit en ayant enlevé la selle, soit en la sanglant pour

▲ **Tonte de chasse.** Elle tient son nom de la race de chevaux à laquelle elle convient le mieux : les hunters anglais ou chevaux de chasse à courre. Lorsque le cheval est sellé, un liseré de poils longs reste visible tout autour de la selle.

▲ Tondre autour de la selle. Tondez l'encolure, ensuite autour de la selle en laissant une large bande de poils non tondus, ce qui vous donnera une marge de sécurité. Tondez en suite la bordure du « tapis de selle ».

▲ Les finitions du « tapis de selle ». Pour obtenir des contours réguliers, rasez doucement en glissant la tondeuse vers l'arrière après chaque passage. Procédez par petits mouvements, perpendiculairement à la ligne que vous tondez.

la maintenir en place ; vous ne l'enlèverez alors que pour les finitions.

Les contours de la tonte sur les jambes doivent monter à l'intérieur et à l'extérieur, comme le montre les dessins ci-dessous. En haut de l'avant-bras, vous devez dessiner un V à l'envers et vers l'arrière, une courbe tout autour du postérieur. Utilisez votre main comme unité de mesure et dessinez la forme à la craie. Voici quelques conseils :

– Sur les antérieurs, marquez le haut du V à environ une largeur de main de l'endroit où la jambe rejoint le poitrail. Dessinez la courbe à deux largeurs de main du coude.

– Pour les postérieurs, marquez le haut du V à quatre largeurs de main du haut du genou et la courbe à deux largeurs du jarret. Les branches du V, comme la courbe, doivent être symétriques.

▲ Pour une meilleure protection de la face ou pour une première tonte, vous pouvez laisser la moitié de la tête non tondue. Suivez la ligne des montants du filet, et descendez jusqu'aux naseaux.

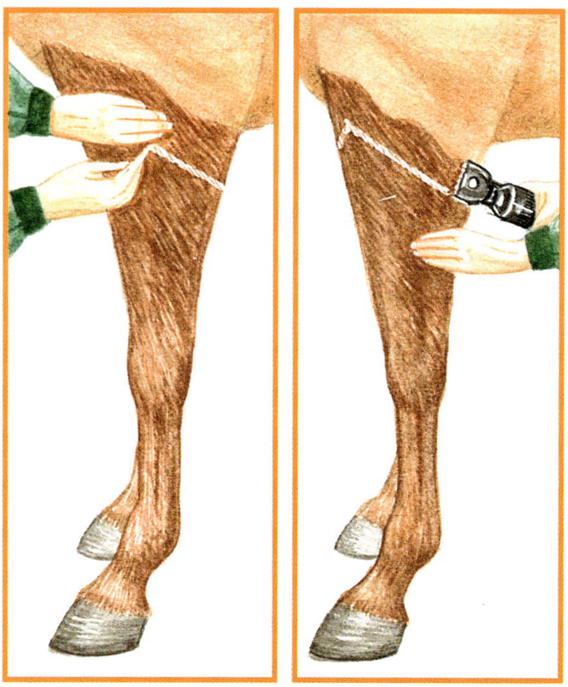

▲ Marquage et tonte des antérieurs. Utilisez votre main comme unité de mesure (voir texte ci-dessus) et dessinez minutieusement les contours à la craie. Tondez ensuite le long des traits.

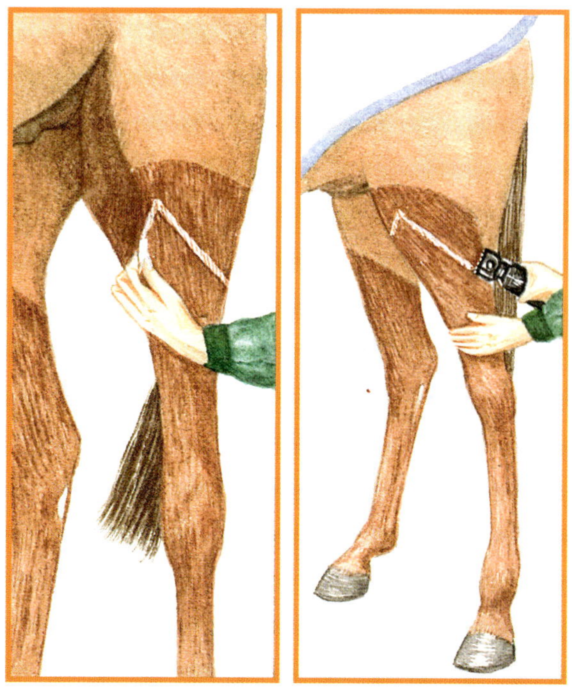

▲ Marquage et tonte des postérieurs. Tracez soigneusement les contours à la craie puis tondez le long des traits.

# La tonte de course

## ou « en manteau »

Cette tonte est utilisée pour des chevaux à la peau fine qui travaillent beaucoup et qui ont besoin d'une protection supplémentaire sur les reins. Une quantité suffisante de poils sera enlevée pour éviter une sudation trop importante.

Le cheval tondu « en manteau » doit être rentré pour la nuit et nécessite les mêmes soins que ceux donnés à ses congénères tondus complètement ou « chasse ». Il est toutefois un peu mieux protégé du froid et n'aura pas besoin d'une couverture durant le travail.

Avant de tondre, tracez à la craie les contours du « manteau » avec la selle en place, en utilisant le bas des quartiers comme base pour la hauteur. Les deux côtés doivent être symétriques. Dessinez le coin du manteau courbe et non carré. Tracez le V et la courbe des jambes comme indiqué page 42.

▲ **Tonte de course ou « en manteau ».** Un manteau de poils est laissé sur le dos, les reins et la croupe, alors que la tête, l'encolure, les épaules et le ventre sont rasés. On peut éventuellement laisser la moitié de la tête non tondue.

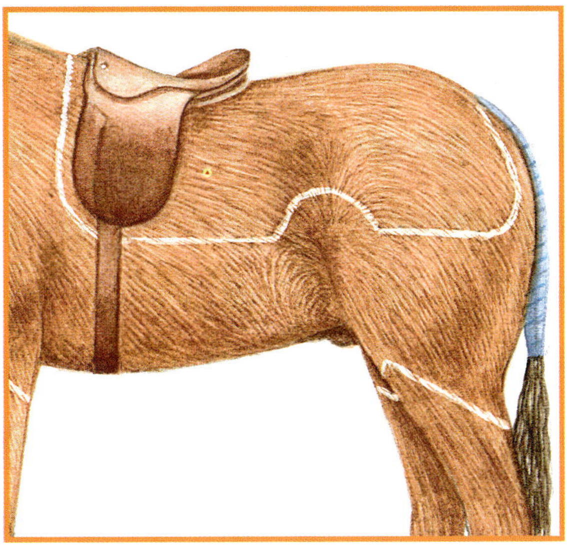

▲ Dessinez la forme du manteau avec la selle posée sur le dos du cheval. La ligne du manteau doit être droite, excepté à l'endroit du pli du grasset où l'on trace un demi-cercle.

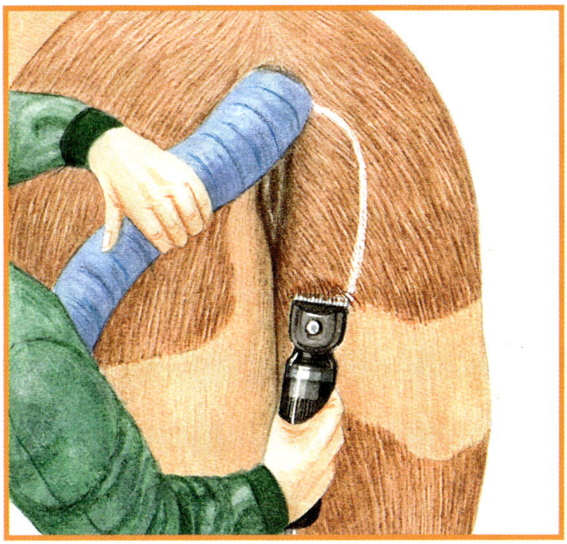

▲ La tonte de course vue de derrière : le dessous du couard doit être tondu ; un bandage de queue rend l'opération plus facile. Lorsque la queue retombe normalement, on doit voir un liseré tondu de chaque côté.

# La tonte de trait

La tonte de trait est ainsi appelée car elle était utilisée sur les chevaux de trait, tondus à hauteur des brancards. Cette tonte est un bon compromis pour chevaux et poneys : ils peuvent travailler beaucoup le week-end ou pendant les vacances sans dépense d'énergie excessive, tout en pouvant vivre au pré le reste du temps. La tonte de trait peut être modifiée selon les zones où le cheval transpire le plus. La tonte de chasse à courre est une tonte de trait haute pour laquelle la tête du cheval est tondue.

▲ **Tonte de trait haute.** Ici la tête et les jambes ne sont pas tondus mais le cheval pourra travailler beaucoup. La tonte est propre et nette. Elle est bien adaptée aux chevaux qui n'aiment pas qu'on leur touche la tête.

Les chevaux tondus « à courre » ou « tonte haute » doivent être rentrés pour la nuit, porter une couverture et recevoir des soins réguliers. Certaines races rustiques, tondues bas, peuvent être laissées au pré jour et nuit. Évaluez le travail qu'effectue votre cheval et déterminez la hauteur de la tonte de trait que vous allez réaliser (voir page 47 pour les variantes).

Le temps qu'il pourra passer à l'extérieur dépend des éléments suivants :

– la hauteur et la forme de la tonte de trait ;

– la race du cheval et l'épaisseur de sa robe d'hiver ;

– l'époque de l'année et les prévisions météorologiques ;

– la possibilité d'ajuster correctement une couverture (l'idéal étant d'en avoir une qui s'aère pendant que l'autre est sur le cheval) ;

– la quantité de nourriture supplémentaire que vous lui donnerez.

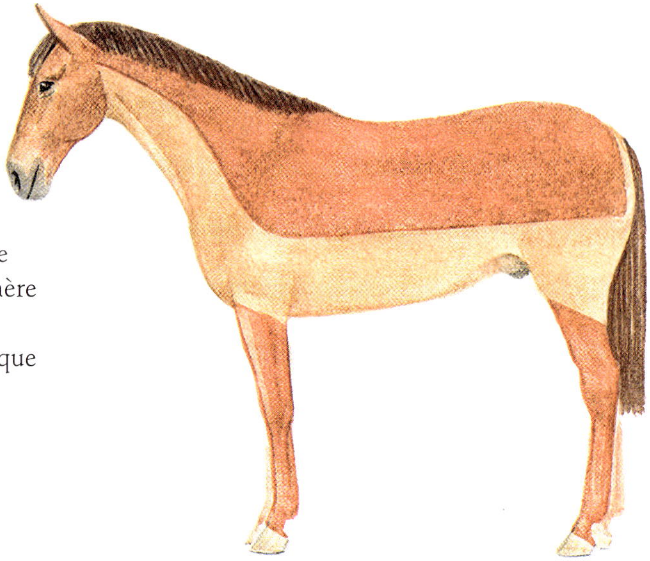

▲ **Tonte de trait intermédiaire.** Cette tonte de trait classique est un bon compromis : le cheval est tondu là où il transpire le plus, mais garde son poil d'hiver sur la partie supérieure du corps.

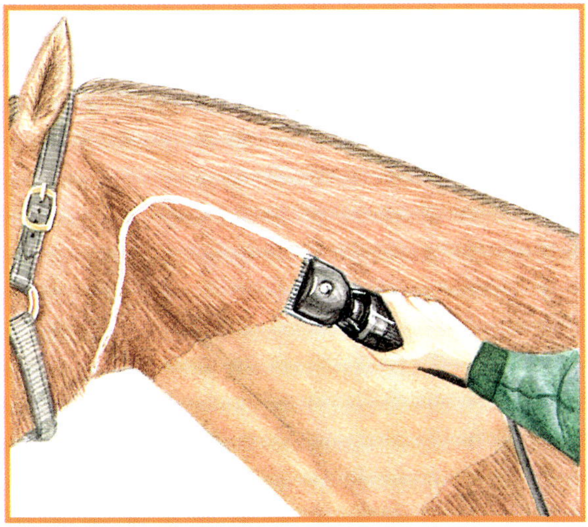

▲ Déterminez la hauteur à laquelle vous allez tondre sur l'encolure et le corps. Dessinez la forme à la craie et reculez pour avoir une vue d'ensemble. Ensuite commencez à tondre l'encolure.

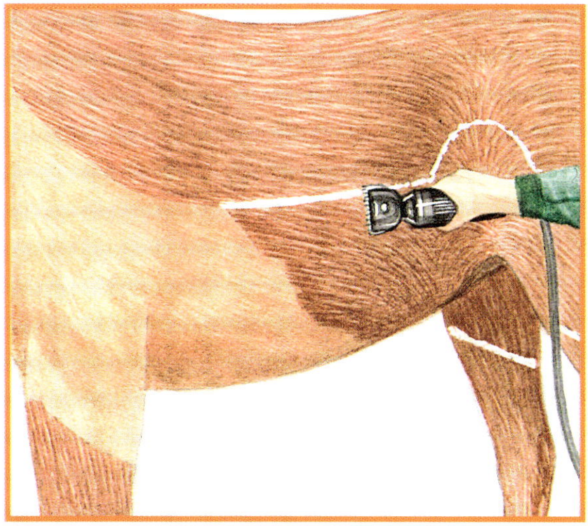

▲ La ligne des brancards de l'épaule aux flancs est longue et très visible. Prenez votre temps et tondez bien droit. Le résultat doit être régulier et soigné.

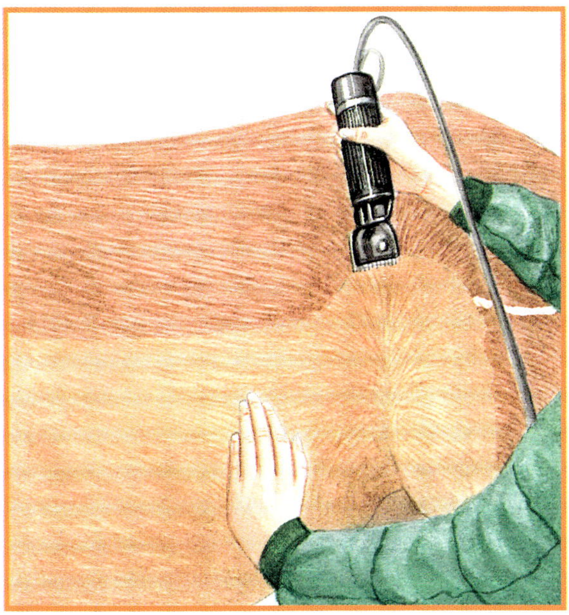

▲ Pour tondre le jarret : taillez en arc de cercle autour du pli du jarret. Procédez à rebrousse-poil. Sur le schéma, les finitions sont faites. Tondez légèrement pour ne pas faire de traces.

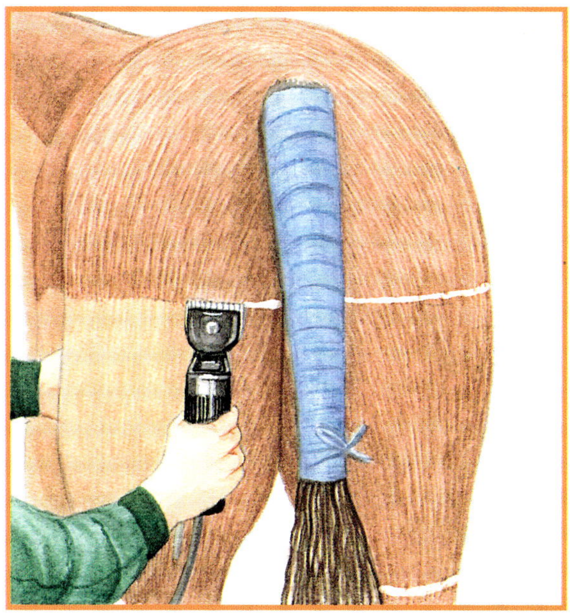

▲ Tondez jusqu'aux contours tracés à la craie à l'arrière des postérieurs. Les lignes doivent être au même niveau lorsqu'on regarde de derrière. Si le cheval est rentré pour la nuit, vous devez suivre la forme montrée page 43.

# Index